経済成長と財政再建

篠原 正博 編

中央大学経済研究所
研究叢書73

中央大学出版部

はしがき

　本書は，中央大学経済研究所の財政研究部会における 2015～2017 年度の共同研究テーマ「経済成長と財政再建」の成果をとりまとめたものである。本研究の問題意識は，以下の通りである。

　2008 年 9 月のリーマン・ブラザーズの経営破綻に端を発した世界的金融危機により，OECD 諸国のほとんどが不況に陥った。リーマン・ショックの前後で比較すると（以下 OECD 平均値），実質 GDP 成長率は，2.6％（2002 年から 2007 年の平均値）から －3.6％（2009 年）に低下し，失業率は 5.7％（2007 年）から 8.3％（2009 年）に上昇した。また，一般政府財政赤字の対 GDP 比は，－1.3％（2007 年）から －8.2％（2009 年）にまで悪化した。もっとも 2010 年以降は不況から回復傾向が見られ，実質 GDP 成長率は 2013 年には 1.2％へと上昇し，さらに一般政府財政赤字の対 GDP 比は －4.3％へと改善している。しかしながら，失業率は 8.1％と依然として高い水準にある。このような経済状況の変化により，OECD 諸国は，経済成長促進と財政赤字削減を同時に達成するような税財政政策の検討を求められている。そこで本研究では，理論，実証，歴史，国際比較の多面的視点から，リーマン・ショック後における税財政政策のあり方に関する検討を行うこととした。

　本書は，3 部 8 章から構成されている。以下，各章の概要を紹介しよう。

　第 1 部「国家財政と経済成長・財政再建」（第 1 章～第 3 章）は，戦時期日本の経済成長と財政，アベノミクスの財政政策，経済成長と財政再建に関する公共選択論的考察を取り上げた 3 編の論文で構成される。

　「第 1 章　戦時期日本の経済成長と資金動員— GNP（国民総支出），国民所得，資金動員の分析—」（関野満夫）は，アジア太平洋戦争期（1937 年 4 月～1945 年 8 月）における日本経済の成長実態およびその特徴を，各種マクロ経済指標と政府資金計画の内容に注目して分析している。この期間の経済成長

は，国民所得が上昇してもその多くが租税負担の増大と強制的貯蓄強化（戦時国債の消化，軍需産業向けの民間企業設備投資）に吸収され，国民の生活水準の向上（個人消費支出の拡大）には結びつかない「いびつな経済成長」であり，それは戦時期日本の国家的な資金配分と資金動員計画の下で遂行されたことを明らかにしている。

「第2章　日本の財政運営と財政政策―アベノミクスの財政政策の批判的検討―」（柳下正和）は，1980年代以降における日本の財政運営と財政政策に注目し，慢性的な財政赤字と公的債務累積の要因を探るとともに，アベノミクスの財政政策を批判的に検討している。アベノミクスの財政政策においては，公共投資拡大および法人税減税により景気浮揚効果はみられたが，財政健全化に対する取り組みには消極的であった。経済成長による自然増収だけでは財政健全化の達成は困難であること，政府は将来世代へ痛みを先送りするのではなく，国民に対して痛みを伴う構造改革の実行スケジュールを示すべきであり，財政制度や予算編成，公会計制度の改革を早急に行うべきことを主張している。

「第3章　財政再建と経済成長の政治的要素」（横山　彰）は，財政再建と経済成長を巡る財政運営における政治的要素に注目する。まず，財政再建と経済成長の政策意思決定に関係する合理的無知な利害関係者が，目先の自己利益を追求した近視眼的行動をとることにより，財政再建を無視して経済成長を促進する財政運営をもたらしていることを指摘する。さらに，政策理論に関して合理的無知な人々の政策選択ゆえにマクシミン原理に基づく立憲的な政策選択（最小利得が最大になる政策理論と政策手段の選択）が求められ，それを指針にして財政再建と経済成長の現実の政策を検討することが必要であると主張している。

第2部「地方財政と経済成長・財政再建」（第4章および第5章）は，地域経済成長の観点から中小企業高度化資金に注目した論文と，地方創生の観点から小泉構造改革以降の自治体財政に焦点を当てた2編の論文から構成される。

「第4章　中小企業高度化資金の実態と不納欠損」（柏木　恵）は，地域経済

の発展を支えてきた中小企業高度化資金の貸付・延滞の実態と不納欠損のプロセスについて検討している。都道府県に対するアンケート調査を実施し，47都道府県中 39 団体から回答を得ている。貸付状況に関しては，全く貸し付けていない自治体もあり，制度そのものが陳腐化していること，延滞状況については，かなりの自治体で処理が終了している一方で，延滞金額が高額の自治体も存在することが明らかにされている。さらに，長期延滞をかかえている自治体は，機会を捉えて客観的分析を行い，速やかに滞納処分や不納欠損を行うべきことを提言している。

「第 5 章　小泉構造改革以降の政策転換と自治体財政の現状―地域再生・地方創生の視点から―」（矢尾板俊平）は，小泉構造改革以降（2002 年以降）の国と自治体間の財政関係を捉えるとともに，今後の課題を明らかにしている。論点とされているのは，①ストックでみた自治体の財政状況，②臨時財政対策債の課題，③地域再生・地方創生事業の現状と課題，の 3 点である。地域再生・地方創生は「成長と分配の政策」であり，かつ政治的には「政権維持」の鍵でもあること，経済成長の観点からは，国の財政の持続可能性を高めるために財政再建が必要であり，また国と地方の財政関係について見直すべきであると提言している。

第 3 部「外国財政と経済成長・財政再建」（第 6 章～第 8 章）は，外国財政を経済成長や財政再建の観点から論じた 3 編の論文から構成される。

「第 6 章　中国の財政分権制と経済成長―財政権限を踏まえた実証分析を通じて―」（田代昌孝）は，財政分権化と地域経済成長との関係に注目する。理論的には，財政分権化は歳出を効率化させるだけではなく，地域経済の成長にも寄与するものと考えられてきた。本章では，この論点を中国のケースに注目し，2000 年の西部大開発以降のデータ（2000 年～2006 年）を使用して実証的に分析している。その結果，中国では，経済成長段階においては財政分権化が地域経済に好影響をもたらしたが，成長が停滞している段階では財政分権化は必ずしも地域経済に対して好影響を及ぼしているとはいえないとしている。

「第 7 章　カナダの租税政策と税制改革―カーター委員会報告から 2000 年税

制改革まで―」(広瀬義朗)は，1960年代のカーター委員会報告から2000年税制改革までの約30年にわたるカナダの租税政策と税制改革に注目する。カナダでは2度のオイルショック後の1980年代以降から経済成長率は低下傾向にあり，税収の伸び悩みおよび支出の拡大により，財政収支は悪化の一途をたどった。そこで1980年代から1990年代にかけて財政赤字削減プログラムが本格化したが，本章では，その間の税制改革を通じた財政再建プロセスが明らかにされる。改革の結果，経済成長と財政再建，減税という好循環をもたらし，経済成長の土壌プロセスを拡大したと指摘している。

「第8章 米国2017年減税・雇用法(トランプ減税)の政策効果予測および法人課税改革内容の検討」(片桐正俊)は，2017年末にアメリカのトランプ政権と議会共和党が成立させた減税・雇用法(TCJA：Tax Cuts and Jobs Act)に関して，その問題性を明らかにする。トランプ政権の減税は，レーガン政権およびブッシュ(子)政権における大型減税と同様トリクルダウン経済学に依拠することから，まず，レーガンおよびブッシュ両政権での大型減税の経済実績を，①経済成長，②財政再建，③所得再分配の観点から検証している。さらに，トランプ政権における大型減税の中心である法人税減税に関して，その問題点を考察している。

本書の内容は，各研究員が「経済成長」もしくは「財政再建」，あるいは「経済成長」と「財政再建」の両方をキーワードとして，それぞれの着眼点およびアプローチから分析を行っており，経済成長と財政再建を同時に達成するような税財政政策のあり方に関して統一的な見解を得るには至らなかった。しかしながら，今後の研究発展に資する論点を提起できたのではないかと考える。

最後に，本書の刊行に際しては，中央大学経済研究所の宮岡朋子さん，研究叢書担当の北澤舞子さんと中央大学出版部の菱山尚子さんに大変お世話になった。記して謝意を表したい。

財政研究部会の叢書は，これまで片桐正俊名誉教授，御船洋教授，横山彰教授が編著者としてまとめ役をご担当されてきた。財政研究部会が3年ごとに確実にその研究成果を叢書の形で公表できたのは，ひとえに片桐正俊名誉教授，御船洋教授，横山彰教授のご尽力の賜である。長年にわたる先生方のご指導に対し，財政研究部会を代表して，心より感謝申し上げる。

2018年3月

　　　　　　　　　　　　　　　　財政研究部会主査　篠　原　正　博

目 次

はしがき

第 1 部　国家財政と経済成長・財政再建

第 1 章　戦時期日本の経済成長と資金動員
──GNP（国民総支出），国民所得，
資金動員の分析── …………………… 関野満夫 … 3

1. はじめに ………………………………………………………… 3
2. 戦時期の GNP と国民総支出 ………………………………… 4
3. 戦時期日本の国民所得 ………………………………………… 13
4. 戦時期日本の資金動員 ………………………………………… 20
5. おわりに ………………………………………………………… 32

第 2 章　日本の財政運営と財政政策
──アベノミクスの財政政策の批判的検討──
……………………………………… 柳下正和 … 35

1. はじめに ………………………………………………………… 35
2. 日本の財政運営と財政政策 …………………………………… 36
3. 失われた 20 年の財政金融政策 ……………………………… 39
4. アベノミクスと財政健全化 …………………………………… 43
5. おわりに ………………………………………………………… 49

第3章　財政再建と経済成長の政治的要素………横山　彰…　53
  1.　はじめに………………………………………………………　53
  2.　合理的無知と近視眼的行動…………………………………　54
  3.　財政再建の政治的要素………………………………………　58
  4.　経済成長の政治的要素………………………………………　61
  5.　おわりに………………………………………………………　66

第2部　地方財政と経済成長・財政再建

第4章　中小企業高度化資金の実態と不納欠損…柏木　恵…　71
  1.　はじめに………………………………………………………　71
  2.　中小企業高度化資金制度の概要と動向……………………　73
  3.　中小企業高度化資金に対する利用状況と今後のニーズ…　78
  4.　自治体における中小企業高度化資金の実態調査…………　80
  5.　山梨県の不納欠損と債権譲渡の取り組み…………………　84
  6.　おわりに………………………………………………………　86

第5章　小泉構造改革以降の政策転換と自治体財政の
　　　　現状
　　　　――地域再生・地方創生の視点から――……矢尾板俊平…　91
  1.　はじめに………………………………………………………　91
  2.　なぜ，自治体は借金を減らし，貯蓄を増やすことができたのか
　　　……………………………………………………………………　92
  3.　臨時財政対策債は「良薬」か「劇薬」か…………………　98
  4.　地方創生の2つの「顔」……………………………………　104
  5.　おわりに………………………………………………………　110

第3部　外国財政と経済成長・財政再建

第6章　中国の財政分権制と経済成長
──財政権限を踏まえた実証分析を通じて──
……………………………… 田 代 昌 孝… 115

1. はじめに…………………………………………………………… 115
2. 中国の財政分権制と経済成長との関係………………………… 117
3. 財政分権化の経済成長への影響に関する先行研究…………… 121
4. 財政分権化の経済成長への影響に関する分析手法と
   データの説明…………………………………………………… 123
5. 中国の財政分権制と経済成長との関係に関する実証分析の結果
   …………………………………………………………………… 127
6. お わ り に………………………………………………………… 129

第7章　カナダの租税政策と税制改革
──カーター委員会報告から2000年税制改革まで──
……………………………… 広 瀬 義 朗… 133

1. はじめに…………………………………………………………… 133
2. 先行研究とマクロ経済指標分析………………………………… 134
3. カーター委員会報告および1970年代の税制改革……………… 137
4. 1980年代の税制改革……………………………………………… 139
5. 財政再建プロセス………………………………………………… 141
6. 2000年税制改革…………………………………………………… 142
7. 租税政策と税制改革の評価
   ──カーター委員会報告からの後退……………………………… 143
8. お わ り に………………………………………………………… 144

第 8 章　米国 2017 年減税・雇用法（トランプ減税）の
　　　　 政策効果予測および法人課税改革内容の検討
　　　　　　　　　　　　　　　　　　　　　　片 桐 正 俊… 147
　1. は じ め に………………………………………………………………… 147
　2. 2017 年減税・雇用法（TCJA）の概要と政策効果予測……………… 148
　3. 米国法人税負担の実態と 2017 年 TCJA の法人課税改革内容の
　　 検討………………………………………………………………………… 171
　4. お わ り に………………………………………………………………… 183

第1部

国家財政と経済成長・財政再建

第1章

戦時期日本の経済成長と資金動員
―― GNP（国民総支出），国民所得，資金動員の分析 ――

関 野 満 夫

1. はじめに

　アジア・太平洋戦争（1937年9月～45年8月）の期間では，政府一般会計とは別に戦争遂行のための臨時軍事費特別会計が設置された。一般会計と臨時軍事費特別会計の歳出純計に占める軍事費の比重は戦争期間を通じてほぼ7割前後に達していた。日本財政は文字通り戦争財政に転化していたのである。そしてこの戦時期において，日本経済が軍需生産拡大をテコにして一定の経済成長を遂げ国民所得も増大していたのも事実である。

　だが，一般に軍需生産の拡大とは政府財政支出（軍事費）の拡大と同義であり，その財源確保のためには大規模な戦時増税と巨額の戦時公債発行が不可避となる。つまり戦時経済の下で国民所得が成長しても，その多くは国家的な戦時資金動員を通じて租税負担増大と貯蓄強化（公債消化資金，等）に吸収されてしまい，国民消費支出の拡大（生活水準の向上）には結びつかない。わけても戦時期日本の国民消費水準の低下はとりわけ顕著であった。これは，いわば戦争経済の下での「いびつな経済成長」ということになる。そして，この「いびつな経済成長」は，戦時期における国家的な資金配分と資金動員の計画の下ではじめて遂行されるものであった。

　そこで本章では，アジア太平洋戦争期における日本経済の成長実態とその特

徴を, 各種のマクロ経済指標と政府資金計画の内容から分析してみたい。構成は以下の通りである。第2節では, 第二次世界大戦の主要参戦国たる日本, アメリカ, イギリス, ドイツの戦時期の GNP と国民総支出の推移を比較検討し, 戦時期日本経済の特徴を明らかにする。第3節では, 戦時期日本の経済成長の内容と成果を産業別国民所得と分配国民所得の推移から明らかにする。第4節では, 戦時期日本の国家資金動員の計画と実態を分析し, 名目値で成長した国民所得の大半が租税と貯蓄に強制的に吸収されていった状況を確認し, 資金動員からみた国民消費水準低下の要因を明らかにする。

2. 戦時期の GNP と国民総支出

2-1 参戦4カ国の経済成長

戦時期日本の経済と財政支出 (軍事費) の関係を考える前提として, まず主要参戦諸国 (日本, アメリカ, イギリス, ドイツ) の経済成長の動向と内容を簡単に確認しておこう[1]。表1-1は, 主要資本主義諸国の20世紀以降の経済成長 (GNP 変化率) を比較検討している Maddison (1991) に依拠して, 上記4カ国の1937-45年における実質 GNP の伸び率を比較したものである。同表によれば, 各国の実質 GNP の水準は, 第二次世界大戦前の1934-36年平均水準 (= 100)

表1-1 日本, アメリカ, イギリス, ドイツの実質 GNP の伸び率

年	日本	アメリカ	イギリス	ドイツ
1934-36 平均	100	100	100	100
1937	111	117	108	120
1938	118	119	109	132
1939	137	121	110	143
1940	141	130	121	144
1941	143	153	132	153
1942	142	182	136	155
1943	144	216	139	158
1944	138	233	133	162
1945	69	229	127	114

(出所) Maddison (1991), pp. 212-215 より作成。

---

1) 日本を含めた戦時経済の国際比較に関しては, 原 (2013), 特に「Ⅷ 日本の戦時経済」が詳しい。

に比べると，軍備拡大と戦争の期間たる1930年代末から40年代前半にかけては一段高い経済水準を保っている。各国のGNP伸び率とそのピーク時期をみると，日本1.4倍（39-44年），アメリカ1.5〜2.3倍（41-45年），イギリス1.3倍（41-44年），ドイツ1.4〜1.6倍（39-44年）となっている。

戦時期において各国の生産水準が高まったことは明らかであるが，いくつかの相違点があることにも注意すべきであろう。具体的には，第1に，枢軸国たる日本，ドイツのGNPは1939年にはすでに1.4倍の水準に達しており，連合国のアメリカ，イギリスよりも早期に経済成長していることである。この背景には，日本は日中戦争開始により1937年から軍事支出の拡大と戦争経済が進行していたこと，ドイツは第二次世界大戦開始（1939年9月）よりずっと早くから軍備拡大を進めていたことがある。

第2に，大戦の終結する1945年には，敗戦国たる日本およびドイツの実質GNPは急落しているのに対して，戦勝国たるアメリカ，イギリスの実質GNPはほぼ維持されていることである。これは，日本およびドイツにおいては，戦局の悪化に伴い動員する労働力，資源に限界が生じたこと，空襲等による生産設備・社会資本への被害が深刻になっていたこと，さらに敗戦によって軍需産業の生産が停止されたこと，総じて戦争経済そのものが崩壊したからである。

第3に，4カ国の中ではアメリカのGNP成長率（2.3倍）が群を抜いて高い。この要因としては，アメリカがもともと基礎的工業力水準が高く国内資源も豊富であること，1930年代の大不況の影響で大量に遊休化していた労働力や生産設備を戦時経済の中で積極的に活用できたこと，などが考えられよう。いずれにせよアメリカは，第二次世界大戦下の戦争経済で最も顕著な経済成長を達成した国でもあったのである。

2-2 米英独のGNPと国民総支出

以下ではまず，アメリカ，イギリス，ドイツの戦時下の経済成長の内実を，GNPないし国民所得の推移と，それを支出面（総需要）で支える国民総支出の構成変化から検討してみたい。

表 1-2 は，『大統領経済報告 1955 年版』に基づきアメリカの 1939-45 年における実質 GNP（1954 年価格）と国民総支出の金額および構成比の推移を示したものである。同表からは次の 4 点が確認できる。第 1 に，実質 GNP は 1939 年の 1894 億ドルから最高の 1944 年には 3171 億ドルへと 1.7 倍にも増大しており，戦時期の経済成長をあらためて確認できる。第 2 に，GNP（＝国民総支出）の急激な成長をもたらした支出要因は，政府による財貨・サービス購入とりわけ国防支出である。国民総支出に占める政府による財貨・サービス購入のシェアは，アメリカ参戦前の 1939 年，40 年には 15％にすぎなかったが，太平洋戦争開戦（1941 年 12 月）後の 42 年以降には 36〜47％に急上昇している。そして，この時期の政府による財貨・サービス購入の 9 割前後は国防支出によるものであった。第 3 に，個人消費支出は参戦前の 1939 年，40 年には国民総支出の 70％を占めていたが，参戦後の 42-45 年には 50％台に低下している。しかし，個人消費支出の実質額は 39 年の 1377 億ドルから 45 年の 1722 億ドルへと持続的に増加している。アメリカは戦時中にあっても個人の消費支出（生活水準）を上昇させていたのである。第 4 に，国内民間投資額は 1941 年の 364

表 1-2 アメリカの GNP と国民総支出（1954 年価格）

（上段：億ドル，下段：％）

年次	個人消費支出	国内民間投資	海外純投資	政府の財貨・サービス購入（うち国防）	GNP
1939	1,377	216	6	295　（26）	1,894
1940	1,450	289	13	307　（45）	2,059
1941	1,547	364	-3	459　（238）	2,367
1942	1,519	181	-25	973　（784）	2,647
1943	1,559	100	-61	1,346　(1,198)	2,943
1944	1,613	124	-61	1,495　(1,357)	3,171
1945	1,722	175	-50	1,272　(1,153)	3,118
1939	72.7	11.4	0.3	15.6　(1.4)	100.0
1940	70.4	14.0	0.6	14.9　(2.2)	100.0
1941	65.4	15.4	-0.1	19.4　(10.0)	100.0
1942	57.4	6.8	-0.9	36.8　(29.6)	100.0
1943	53.0	3.4	-2.1	45.7　(40.7)	100.0
1944	50.9	3.9	-1.9	47.1　(42.8)	100.0
1945	55.2	5.6	-1.6	40.8　(37.0)	100.0

（出所）Economic Report of the President, Jan. 20, 1955, pp. 138-139 より作成。

億ドルをピークに 42-45 年には 100 億ドル台に低下し，国民総支出に占めるシェアでも 41 年の 15％から 3～6％水準に縮小している。戦時期においては軍事支出つまり直接的な軍需生産拡大が優先されて，民間設備投資が抑制されたのである[2]。

次に表 1-3 は Hancock and Gowing (1949) に基づき 1938-45 年におけるイギリスの国民所得と純国民総支出の推移を示したものである。同表によれば，イギリス戦時経済について次の 4 点が指摘できる。第 1 に，名目国民所得は開戦前の 1938 年に比べて 41-45 年には 48～77％増加しており，経済成長が確認できる。第 2 に，純国民総支出の内訳をみると，戦時期には政府経常支出が 60％前後を，特に戦争関連支出が 50％以上を占めており，軍事支出が経済成長を牽引している。第 3 に，逆に，消費者の財貨・サービス購入のシェアは 80％弱から 50％台に低下し，国内純資本形成のシェアもマイナスとなり純減になっている。第 4 に，全体としてイギリスの戦時経済成長は，個人消費およ

表 1-3 イギリスの国民所得と純国民総支出

（上段：100 万ポンド，下段：％）

年次	国民所得	消費者の財貨・サービス購入	政府経常支出		国内純資本形成	純海外貸出	純国民支出（要素費用）
			戦争	その他			
1938	4,707	3,713	327	440	297	-70	4,707
1941	6,978	4,006	3,643	497	-352	-816	6,978
1942	7,652	4,164	3,945	528	-322	-663	7,652
1943	8,115	4,188	4,452	522	-367	-680	8,115
1944	8,310	4,452	4,481	536	-500	-650	8,310
1945	8,355	4,886	3,827	532	-15	-875	8,355
1938	100	79	7	9	6	-1	100
1941	100	58	52	7	-5	-12	100
1942	100	54	52	7	-4	-9	100
1943	100	52	55	6	-5	-8	100
1944	100	54	54	6	-6	-8	100
1945	100	58	46	6	—	-10	100

（注）国民所得，国民支出の数値は，減価償却費および維持費を控除したネット数値。
（出所）Hancock and Gowing (1949), p. 347 より作成。

---

[2] 第二次世界大戦期のアメリカ経済の動向については，向山 (1966) の「第 4 章 第二次大戦とアメリカ経済」が，また同時期のアメリカの国防生産体制の分析に関しては，河村 (1998) が詳しい。さらに，アメリカの戦時財政に関しては，Studenski and Krooss (1963)，Vatter (1985) を参照のこと。

び国内民間資本形成を抑制しつつ,軍事支出・軍需生産を拡大したことによる結果であることがわかる。なお個人消費に関連して,表1-4は戦時イギリスにおける消費財・サービスへの実質個人支出額(1938年価格)の推移をみたものである。開戦前の1938年水準に比べると,40-44年には支出総額は85%水準に,食品については81〜87%へとやや縮小していることが確認できる[3]。

最後に表1-5は,Klein(1959)に基づきドイツの1938-43年における実質

表1-4 イギリスの消費財・サービスへの個人支出の推移

(100万ポンド)

年	支出額	指数	食品	指数
1938	4,288	100	1,287	100
1940	3,883	91	1,138	89
1941	3,671	86	1,036	81
1942	3,640	85	1,086	84
1943	3,591	84	1,061	82
1944	3,706	86	1,120	87
1945	3,921	91	1,136	88

(注) 1938年価格。
(出所) Hancock and Gowing (1949), pp. 200, 348 より作成。

表1-5 ドイツのGNPの推移

(上段:10億マルク,下段:%)

年	政府支出	消費者支出	粗資本形成	GNP
1938	33	70	14	117
1939	45	71	13	129
1940	62	66	1	129
1941	77	62	-8	131
1942	93	57	-14	136
1943	109	57	-16	150
1938	28.2	59.8	12.0	100.0
1939	34.9	55.0	10.1	100.0
1940	48.1	51.2	0.7	100.0
1941	58.8	47.3	-6.1	100.0
1942	68.4	41.9	-10.3	100.0
1943	72.7	38.0	-10.7	100.0

(注) 1938年価格。
(出所) Klein(1959), p. 257 より作成。

---

3) イギリスの戦時経済の動向については,Hancock and Gowing (1949)を参照されたい。

GNP（1938年価格）とその構成比の推移を示している。同表によればドイツ戦時経済の特徴について次の4点が指摘できる。第1に，ドイツの実質GNPは開戦前の1938年に比べて戦時中（39-43年）には10～28％の増加を示している。第2に，この経済成長をもたらした支出要因は政府支出拡大であり，政府支出のシェアは38年の28％から40-43年には48～73％に増加している。第3に，逆に，消費者支出額と粗資本形成の額・シェアは低下している。消費者支出額は38年の700億マルクから42-43年には570億マルクへと8割強の水準に低下し，その支出要因シェアも60％から40％前後に低下している。また粗資本形成の額・シェアはともに低下しており，41年以降にはマイナスになっている。第4に，全体として戦時期ドイツの経済成長も，イギリスと同様に，個人消費額および資本形成を抑制しつつ，政府支出拡大によってもたらされたものであることがわかる。なお，表1-6は，戦時期ドイツの政府支出を軍事支出と民生支出に分けてその推移を示したものである。これによれば，戦時期ドイツでは軍事支出が政府支出の70％前後を占めていること，また42/43-43/44年度には軍事支出がGNPの60％以上に達していたことも確認できる[4]。

以上，アメリカ，イギリス，ドイツの戦時経済の動向を概観したが，重要なこととしてさしあたり次の3点を指摘できよう。第1に，3カ国とも軍事支出・戦争関連支出の拡大によってGNP，国民所得の成長がみられたこと。第2

表1-6 ドイツの政府支出の推移

（10億マルク）

年度	軍事支出 (A)	民生支出	政府支出合計 (B)	GNP (C)	A/B (％)	A/C (％)
1938/39	17.2	22.2	39.4	115	43.7	15.0
1939/40	38.0	20.0	58.0	129	65.5	29.5
1940/41	55.9	24.1	80.0	132	69.9	42.3
1941/42	72.3	28.2	100.5	137	71.9	52.8
1942/43	86.2	37.8	124.0	143	69.5	60.3
1943/44	99.4	30.6	130.0	160	74.5	62.1

（出所）Overy（1992），p. 269より作成。

4) ドイツの戦時経済の動向と分析については，Klein（1959），Boelcke（1985），Overy（1992）が詳しい。

に，平時には GNP の大半（7～8 割）を占めていた国民消費支出は，戦時にはそのシェアを大きく低下させた。ただ，イギリス，ドイツでは実質消費水準が平時に比べて 8 割台に低下したのに対して，アメリカでは戦時にあっても実質消費水準は上昇していた。第 3 に，国内資本形成に関しては，3 カ国とも軍事支出や直接的な軍需生産が優先されて，戦時期には縮小していた。

2-3　日本の GNP と国民総支出

それでは戦時期日本の経済はどうであったのであろうか。本章では戦時期日本の国民総生産（国民総支出）および国民所得について，基本的には経済企画庁編『国民所得白書』昭和 38 年度版の数値を利用して検討していく[5]。まず表 1-7 で名目値および実質値での GNP（国民総生産），国民総支出の推移をみてみよう。同表によれば，名目国民総支出額は 1935 年 167 億円から持続的に増加して，40 年 394 億円（2.36 倍），44 年 745 億円（4.46 倍）へと拡大しており，急速な経済規模の膨張（経済成長）という印象を受ける。ただ戦時期の物価上昇（国民総支出デフレーター）を考慮した実質国民総支出額でみると，1935 年 166 億円からピークの 39 年に 221 億円（1.33 倍）へ増加するものの，日中

表 1-7　日本の国民総支出の推移

(億円)

年	名目国民総支出	国民総支出デフレーター（1934～36 年平均 = 1.00）	実質国民総支出	同指数（1935 年 = 1.00）
1935	167	1.01	166	1.00
1936	178	1.04	172	1.04
1937	234	1.10	212	1.28
1938	268	1.22	219	1.32
1939	331	1.50	221	1.33
1940	394	1.89	208	1.25
1941	449	2.12	211	1.27
1942	544	2.54	214	1.29
1943	638	2.99	214	1.29
1944	745	3.61	206	1.24

（出所）『国民所得白書』昭和 38 年度版，137，178-179，186 ページより作成。

---

[5]　戦時期日本の国民所得の推計に関する研究状況については，原（2013），431-435 ページを参照されたい。

戦争以降の戦争期間(1937-44年)を通じてほぼ210～220億円規模(1935年比で1.2～1.3倍)という状況にあったことがわかる。その意味では戦時期の日本経済は,経済成長を実現したというよりも,戦時統制経済を強めつつ,かろうじてその経済規模を維持していたというのが実態であろう[6]。

そして,こうした日本の戦時期の経済規模を支えた実質国民総支出の構成を示したものが表1-8である。同表からは日本の戦時経済の特徴として次の3点が浮かび上がってくる。第1に,政府の財貨・サービス購入のシェアは,1935年の19%から持続的に上昇して,43年,44年には40%に達している。なお政府支出に占める軍事支出の割合は表1-9によれば,太平洋戦争開始後の1942-44年には80%前後にのぼっていた。つまり戦時期日本においても,米英

表1-8 実質国民総支出(内訳)の推移(1934-36年価格)

(上段:億円,下段:%)

年次	総額	個人消費支出	国内民間総資本形成	政府の財貨サービス購入	経常海外余剰
1935	166	107	26	31	2
1936	172	110	29	31	1
1937	212	115	40	48	8
1938	219	114	41	62	3
1939	221	108	52	55	6
1940	208	97	51	57	2
1941	211	94	53	70	-6
1942	214	90	57	73	-6
1943	214	85	49	84	-4
1944	206	70	54	83	-1
1935	100	64	16	19	1
1936	100	64	17	18	1
1937	100	54	19	23	4
1938	100	52	19	28	1
1939	100	49	24	25	2
1940	100	47	25	27	1
1941	100	44	25	33	-2
1942	100	42	27	34	-3
1943	100	40	23	39	-2
1944	100	34	26	41	-1

(出所)『国民所得白書』昭和38年度版,179-180ページより作成。

---

6) 日本の戦時経済構造および戦時統制経済に関しては,原(2013),山崎(2011),東京大学社会科学研究所編(1979),コーヘン(1950)などを参照されたい。

表1-9 政府支出の推移

(10億円)

年度	1940	1941	1942	1943	1944
政府支出	8.0	10.8	19.7	26.7	39.8
中央政府	6.0	8.5	17.0	24.2	36.7
軍事支出	4.7	7.0	14.9	21.8	33.4
非軍事支出	1.3	1.5	2.1	2.4	3.3
地方政府	2.0	2.3	2.1	2.5	3.1

(出所)アメリカ合衆国戦略爆撃調査団(1950),149ページより作成。

独と同様に,軍事支出・戦争関連支出が国民経済を牽引していたのである。

　第2に,国内民間総資本形成のシェアは1935年の16％から上昇傾向にあり,39年以降には25％前後を占めている。先にみたように戦時期のアメリカ,イギリス,ドイツでは軍事支出を優先して国内民間資本形成への支出は縮小されていた。つまり,上記3カ国では既存の工業生産設備で戦時の軍需生産拡大にある程度対応できたのである。これに対して,基礎的工業力に劣っていた日本では,戦時期に入っても工業生産設備の拡充を並行して進めて軍需生産に対応することを余儀なくされたのである。

　第3に,政府の財貨・サービス購入(軍事支出)と国内民間総資本形成のシェアが拡大した影響を受けて,個人消費支出のシェアは1935年の64％から一貫して低下しており,44年には34％にまで縮小している。また,実質消費額も37年の115億円をピークに減少しており,44年には70億円へとピークの60％水準に低下している。戦時経済の中で,アメリカを別にして,イギリス,ドイツでも国民の消費支出水準は低下したが,それでも平時の80〜85％の水準を維持していた。それに比べても日本の戦時経済は,国民の消費生活水準の著しい低下をもたらしていたのである[7]。

---

7) 戦時期日本の個人消費支出の低水準の実態と要因については,山崎(1979),49-66ページ,を参照されたい。

3. 戦時期日本の国民所得

3-1 国民所得の推移

先に表 1-7 でみたように戦時期日本の名目 GNP は 1935 年 167 億円から 44 年 745 億円へと急成長を示したが，実質 GNP（1934-36 年平均価格）は 1937-44 年には 210 億円前後で推移していた。この経済規模は日本の戦争経済が，戦時下で資源，労働力，貿易が制約される中で，国民消費支出水準を大幅に縮小しながら財政支出（軍事費）と民間設備投資を優先することによってかろうじて達成してきたものであった。そしてこれは支出要因からみた日本の戦争経済の特徴であった。それではこうした支出要因（総需要）に対応して，戦時期日本の生産構造と分配構造は具体的にはどのように変貌したのであろうか。本節では，戦時期日本の国民所得（名目値）の動向からこの点について検討してみよう。

まず表 1-10 は 1935-44 年における GNP（国民総生産）と国民所得の推移（名目値）を示したものである。国民所得は，GNP から間接事業税（間接税）と資本減耗引当（減価償却費）を控除し補助金を付加した調整項目と，統計上の不

表 1-10 GNP と国民所得の推移（名目値）

(億円)

年次	(1) 国民 所得	調整項目				(6) 統計上の 不突合	(7) GNP (1+5+6)
		(2) 間接 事業税	(3) 補助金	(4) 資本減 耗引当	(5) 計 (2+4-3)		
1935	144	14	0	12	26	-3	167
1936	155	15	0	13	28	-6	178
1937	186	16	0	16	32	16	234
1938	200	18	0	18	36	32	268
1939	254	20	0	24	44	33	331
1940	310	27	1	28	54	29	394
1941	358	32	2	32	62	29	449
1942	421	42	5	37	74	49	544
1943	484	61	8	43	96	58	638
1944	569	60	18	53	95	81	745

（出所）『国民所得白書』昭和 38 年度版，136-137 ページより作成。

突合を差し引いた額と一致する。同表によれば，GNP が 35 年 167 億円から 44 年 745 億円へと増加（4.46 倍）するとともに，国民所得も 35 年 144 億円から 44 年 569 億円へと増加（3.95 倍）している。

3-2 産業別国民所得の推移

そして表 1-11 は産業別国民所得の推移を示したものである。同表からは次のことがわかる。第 1 に，第 2 次産業は持続的に成長し，特に製造業の拡大が著しい。第 2 次産業の国民所得シェアは 1935 年 31％から 44 年 40％へと上昇しているが，これはもっぱら製造業のシェアが 25％から 34％に上昇したことによる。第 2 に，第 3 次産業のシェアは 35 年 49％から 40 年 40％へと急減したが，44 年には 42％弱へとやや回復している。第 3 に，農業を主体とする第 1 次産業のシェアは 35 年 20％から 40 年 24％に上昇するものの，44 年には 18％弱に低下している。

ここでは戦時期の産業別国民所得の中心であった第 2 次産業（製造業）と第 3 次産業について，その内容をいま少し詳しくみてみよう。ただ第 2 次産業の産業別国民所得では，製造業，鉱業，建設業の区分しかなく，製造業の内容はわからない。そこで別資料によって戦時期の工業別生産額とその分野別シェアをみてみたい。表 1-12 がそれである。同表によれば次のことが判明する。①

表 1-11 産業別国民所得の推移

（上段：億円，下段：％）

年次	第 1 次産業	うち農業	第 2 次産業	うち製造業	第 3 次産業	合計
1935	29	24	45	37	71	145
1938	40	33	69	57	90	200
1940	75	59	111	93	124	310
1941	71	54	140	117	145	356
1942	82	61	168	142	167	418
1943	83	63	200	169	198	481
1944	101	78	230	193	237	568
1935	19.8	16.7	31.0	25.5	49.3	100.0
1940	24.0	19.0	35.9	29.9	39.9	100.0
1944	17.7	13.0	40.3	33.9	41.7	100.0

（出所）『国民所得白書』昭和 38 年度版，156-159 ページより作成。

表 1-12 工業別生産総額・構成比の推移

(億円, %)

年	1935	1937	1940	1942	1945
工業生産総額	108	163	271	320	369
構成比	100.0	100.0	100.0	100.0	100.0
金属工業	17.2	21.3	19.4	20.7	22.1
機械器具工業	12.0	13.9	22.1	27.8	39.1
化学工業	17.8	19.2	18.5	17.0	10.9
(小計)	(47.0)	(54.4)	(60.0)	(65.5)	(72.1)
窯業及び土石工業	2.8	2.5	2.8	2.7	2.5
繊維工業	29.4	24.6	16.6	11.1	5.9
製材及び木材製品工業	2.2	2.3	3.3	3.4	5.6
食料品工業	10.7	9.0	9.0	7.6	6.1
印刷業及び製本業	2.0	1.6	1.2	1.2	1.2
その他工業	2.1	2.3	2.2	2.0	1.5
加工賃及び修理料	3.8	3.4	4.6	6.3	5.0

(注) 工場統計表及び工業統計表による。
(出所)『昭和産業史』第3巻, 224ページより作成。

工業生産総額は1935年108億円から45年369億円へと3.4倍に拡大している。②金属工業, 機械器具工業, 化学工業の重工業関連分野の合計シェアは35年の47％から40年60％, 42年65％, 45年72％へと上昇して, 戦時下において工業生産の重工業化が急速に進んでいる。③特に兵器など直接的に軍需生産にかかわる機械器具工業のシェアは, 35年12％から42年28％, 45年39％へと著しい上昇を示していた。④逆に, 国民の消費生活に関連する繊維工業のシェアは35年29％から42年11％, 45年6％へと急減している。⑤以上のことから, 戦時下日本の製造業の発展とは軍需生産の拡大によってもたらされたものであったと確認できよう。

次に第3次産業の分野別国民所得の推移をみたのが表1-13である。1935年と1944年の国民所得シェアを比較すると第3次産業全体では7.6ポイントの低下 (49.3→41.7％) であるが, 卸・小売業, 金融・不動産業, サービス業, 運輸・通信業の4分野合計では18.1ポイントも低下している。逆に公務は, 10.1ポイントの上昇 (3.2→13.3％) である。この公務所得の増加は, もちろん一般公務員の増加によるものではなく, 戦時徴兵による将兵 (軍人給与) の増加によるものである (後掲, 表1-15参照)。つまり, 戦時期特に戦争末期

16　第1部　国家財政と経済成長・財政再建

表 1-13　第 3 次産業の分野別国民所得の推移

(上段：億円，下段：％)

年次	卸・小売業	金融・不動産業	運輸・通信業	サービス業	公務	計
1935	20	15	15	15	5	71
1938	25	17	21	19	6	90
1940	37	21	27	26	8	124
1941	43	25	28	30	16	145
1942	45	28	34	34	24	167
1943	42	31	42	36	44	198
1944	39	30	51	39	75	237
1935	13.5	10.6	10.5	10.3	3.2	49.3
1938	12.7	8.3	10.4	9.4	3.2	45.1
1940	12.0	6.8	8.8	8.4	2.7	39.9
1941	12.1	6.9	7.9	8.3	4.4	40.4
1942	10.6	6.6	8.0	8.1	5.6	39.6
1943	8.7	6.4	8.6	7.4	9.2	40.9
1944	6.8	5.2	9.0	6.8	13.3	41.7

(注)　構成比は国民所得全体に占める比率。計にはその他を含む。
(出所)　『国民所得白書』昭和 38 年度版，156-159 ページより作成。

(43-44 年) における第 3 次産業での国民所得のかなりの部分は生産的・経済的活動とは対極にある軍事勤務 (戦争行為) によるものであった。

3-3　分配国民所得の推移

　生産された産業別国民所得は，個人，法人に所得として分配される。そこで次に，分配国民所得の推移を考えてみよう。まず表 1-14 は 1935-44 年における分配国民所得の全体的推移を示している。ここからは次のことが指摘できる。第 1 に，戦時期を通じて分配国民所得の約 70％は，被用者所得たる個人勤労所得と農業・自営業者の所得たる個人業主所得が占めていた。ただ，1935-42 年までは個人勤労所得 37～39％，個人業主所得 30～32％で安定していたが，戦争末期の 44 年には個人勤労所得は 47％に増加し，個人業主所得は24％に低下するという変動がみられる。この背景には，1939 年公布の国民徴用令によって軍需産業 (企業) への国民の強制的就労が拡大したこと，また労働力・生産設備を軍需産業に集約するために 40 年より民需関連の中小零細商工業の整理が開始されたことがある。

第1章　戦時期日本の経済成長と資金動員　17

表 1-14　分配国民所得の推移

(上段：億円，下段：%)

年次	個人勤労所得	個人業主所得	個人賃貸料所得	個人利子所得	法人所得	分配国民所得
1935	55	45	13	15	13	144
1936	60	49	14	14	14	155
1937	68	54	15	16	20	186
1938	78	61	16	17	23	200
1939	96	86	18	21	27	254
1940	114	104	20	27	40	310
1941	138	114	22	33	47	358
1942	162	133	22	41	58	421
1943	208	127	25	52	68	484
1944	266	134	22	66	86	569
44/35	4.8	3.0	1.7	4.4	6.6	4.0
1935	38.1	31.1	9.2	10.2	9.1	100.0
1938	39.2	30.4	7.8	8.7	11.5	100.0
1940	36.6	33.7	6.5	8.8	12.9	100.0
1942	38.4	31.7	5.1	9.7	13.8	100.0
1944	46.8	23.5	3.9	11.6	15.1	100.0

(出所)『国民所得白書』昭和38年度版，160-163ページより作成。

　第2に，個人の資産性所得のシェアも利子所得と賃貸料所得では異なった動きがみられた。つまり，個人利子所得は10%前後で推移していたが，戦争末期の1944年には12%弱に上昇している。これは，戦時期には戦時公債消化のために国民への強制的な貯蓄強化が求められ，大規模な貯蓄拡大（→利子所得増加）が進行していたからである（第4節参照）。他方，個人賃貸料所得は35年の9%から一貫して低下して44年には4%弱に縮小している。この背景には，小作料統制令（1939年9月）を経て戦時下の食糧増産政策と物価上昇の中で小作料の実質軽減つまり地主の小作料収入の実質的減少が起きていたことや，戦時下の物価・家賃統制によって地主・家主の賃貸料収入の実質的減少が起きていたこと，などがあろう。

　第3に，分配国民所得の中では法人所得の伸びが最も大きい。1935年から44年にかけて国民所得全体では4.0倍，個人勤労所得は4.8倍，個人業主所得は3.0倍の増加であるのに対して，法人所得は13億円から86億円へと6.6倍に増加しているのである。そして分配国民所得に占める法人所得のシェアも

35年9%から44年15%へと上昇している。つまり，軍需生産を中心とする戦争経済の中で法人所得（利潤）が最も大きな経済的恩恵を受けていたことがわかる。

さてここでは，戦時期の分配国民所得の中でも伸びの大きかった個人勤労所得と法人所得の内容についてより詳しくみておきたい。表1-15は個人勤労所得の変化を産業分野別に示したものである。個人勤労所得においても製造業の額・シェアが1935年17億円（30%），40年43億円（38%），44年90億円（34%）と拡大しており，戦争経済における製造業（軍需産業）の発展が反映されている。他方で，軍人給与等の所得額とそのシェアが35年2億円（4%），40年6億円（5%），44年70億円（26%）へと，戦争後期にいたって急速に増大していることも注目される。これはいうまでもなく，戦争後期になると大規模な兵力動員が進み，軍関係の人件費が急増したからである。ちなみに表1-16によれば，兵力動員数は1935年45万人，40年172万人から，44年には536万人，終戦の45年には719万人にも及んでいた。また，陸軍・海軍を合計した内地での軍関係人件費も40年の5.3億円から43年には27億円に増加していた。

また，表1-17は大蔵省編『主税局統計年報』により，戦時期における産業

表1-15 個人勤労所得の推移

(100万円)

年　次	1935	1940	1944	44/35
農林水産業	264	774	966	3.7
鉱業	147	451	820	5.6
建設業	233	573	1,180	5.1
製造業	1,666	4,296	8,976	5.4
卸・小売業	556	896	978	1.8
金融・不動産業	175	293	694	4.0
運輸・通信・公益事業	610	892	1,798	2.9
公務	213	268	438	2.1
サービス業	1,039	1,773	2,631	2.5
軍人給与等	239	567	7,000	29.3
合　計	5,496	11,369	26,648	4.8倍

（注）合計にはその他も含む。
（出所）経済審議庁調査部国民所得課（1954），242-243ページより作成。

表 1-16　陸軍・海軍の兵力動員数と人件費

年	兵力動員数（千人）			臨軍会計人件費（100万円）		
	陸軍	海軍	計	陸軍	海軍	計
1935	350	99	449	—	—	—
1940	1,500	223	1,723	451	80	531
1941	2,100	311	2,411	741	189	930
1942	2,400	429	2,829	1,095	494	1,589
1943	3,100	708	3,808	2,012	714	2,726
1944	4,100	1,265	5,365	?	1,320	?
1945	5,500	1,693	7,193	?	2,871	?

（注）臨時軍事費特別会計人件費は予算。
（出所）兵力動員数は，アメリカ合衆国戦略爆撃調査団（1950），179ページ，臨時軍事費特別会計人件費は『昭和財政史』第4巻（臨時軍事費），230, 232ページを参照。

表 1-17　産業別の会社利益の推移
(100万円)

年度	利益総計	工業	鉱業	商業	金融保険	交通業	工業のシェア
1935	1,528	778	99	212	255	55	50.9%
1938	2,638	1,415	197	440	270	170	53.6
1940	4,168	2,999	233	737	312	349	71.9
1941	4,767	2,700	232	879	364	402	56.6
1942	5,332	3,173	230	926	426	396	59.5
1943	6,265	4,003	221	1,038	377	428	63.9
1944	7,117	4,500	235	1,408	292	490	63.2
1945	3,698	2,240	57	575	292	374	60.6

（注）利益総計にはその他産業も含む。
（出所）『主税局統計年報』各年度版より作成。

別の会社利益の推移を示したものである。会社利益の総計は1935年度15億円から44年度71億円へと4.7倍に増加している。中でも工業会社の利益は同期間に8億円から45億円へと5.6倍に増加し，そのシェアも51％から63％に上昇している。ちなみに44年度の工業会社利益45億円のうち機械器具工業が16億円，金属工業が11億円であり，両者で6割を占めていた[8]。このように戦時経済における会社利益つまり法人所得の伸びは，工業分野特に軍需産業関連の拡大によってもたらされたものであることが確認できる。

---

8) 大蔵省編（1944）『主税局統計年報』昭和19年度版，78ページ，参照。

4. 戦時期日本の資金動員

4-1 戦争経済の資金構図

戦時期の日本では戦争遂行のための軍需生産拡大が最優先されていた。それは国民経済レベルでは，政府支出（軍事支出）の膨張と民間資本形成（企業設備投資）の拡大を必要とした。そしてこの両者を支出要素として戦時期日本の名目GNPは急速に成長すると同時に，名目値での国民所得（個人所得，法人所得）も成長していった。この点は前節で確認したところである。

さて，このような戦争経済がまがりなりにも円滑に進行するためには，資金面では次の3つのことがポイントとなる。第1に，拡大する財政支出（軍事支出）を支える政府財源を持続的に確保することである。これには増税による租税収入の拡大と，膨大な戦時公債の発行・消化が必要になる。そして，戦時増税としては，所得課税（個人所得税，法人所得税，臨時利得税）と消費課税（酒税，物品税，等）の増税が繰り返し実施されることになる。また，戦争財源としては戦時公債が主要な役割を果たすことになるが，この戦時公債が資金市場で円滑に消化されるためには国内での貯蓄増強が不可欠になる。

第2に，軍需産業関連の民間企業が，その生産能力拡充に必要な設備投資資金を確保できることである。このためには企業自己資金（内部留保など）の充実だけでなく，各種金融機関からの貸出金の拡大が必要になる。そして金融機関の貸出力を強めるためにも預金拡充つまり国民の貯蓄増強が必要となる。

第3に，民間消費支出を抑制して戦時インフレを回避することである。表1-14でみたように戦時経済の中で名目国民所得とその大半を占める個人所得（家計所得）は持続的に増加していた。その一方で，軍需生産優先の下で民間消費財の供給水準は縮小しており，また後述のごとく戦時国債の日銀直接引受（紙幣増発）もあって，物価上昇ひいては戦時インフレの危険性は戦争経済の進行とともに高まっていた。そうした中で，戦時下の政府は物価上昇の顕在化を防ぐために，食料・生活用品の物価統制令や配給制度によって直接的な物価・消費規制に乗り出していた。そしてそれと同時に政府は，名目成長を続ける家

計所得がそもそも消費支出に流れることを抑制するための包括的手段として，国民の貯蓄増強つまり半ば強制的な貯金・預金・国債購入の増加を重視していた。加えて戦時増税に関しても，その目的は一義的には戦費調達であったが，戦争経済が進行するとともに，個人所得税の増税には可処分所得の縮小，各種消費課税の増税には家計消費抑制という政策効果も意図されるようになっていた[9]。

さて，このようなことを背景に戦時期日本では，国債の消化，生産力拡充資金（産業資金）の蓄積，インフレの抑制，の3点を眼目にして，国民貯蓄増強を含めた国家的な資金計画が作成されるようになった。そして，この国家資金計画は，戦時経済の進行に合わせて2つの段階に分けることができる。

第1段階は，1938年4月の閣議決定に基づき38年度から41年度にかけて毎年度実施された国民貯蓄奨励運動とそこで作成された国家資金需要計画（39，40年度）と国家資金綜合計画（41年度）である。そこでは当該年度の公債消化資金と生産力拡充資金の所要合計額が年度の貯蓄目標額とされた。具体的には38年度80億円（公債50億円，生産力拡充資金30億円），39年度100億円（公債60億円，生産力拡充資金40億円），40年度120億円（公債60億円，生産力拡充資金40億円，浮動購買力吸収20億円），41年度170億円（公債110億円，生産力拡充資金60億円）である。そして，この貯蓄目標額を達成するために通常の貯蓄ルート（銀行預金，郵便貯金，等）の他に全国の官公署職域，銀行・会社・工場の事業所，商工業者の団体，青年団等の各種団体，市町村の町内会，部落会等の地域に，無数の貯蓄組合も設立されることになった。ただ，この段階では国民所得やそれに基づく貯蓄可能額は統計的に把握されておらず，ここでの貯蓄目標額とはあくまで所要資金額から逆算したものにすぎなかった[10]。

第2段階は，1941年7月に閣議決定された財政金融基本方策要綱に基づき

---

[9] 戦時期日本の所得課税，消費課税の増税の経緯，目的については，関野（2017a），（2017b）を参照されたい。

[10] 以上のことは，『昭和財政史』第11巻（金融・下），172-202ページ，を参照。なお戦時期日本の貯蓄組合の実績は，1941年3月現在で全国に53.1万組合，組合員数3631万人，貯蓄額20億円に達していた（同書，200ページ）。

編成された国家資金綜合計画（42年度）と国家資金動員計画（43-45年度）である。ちなみに，同要綱は「第1　方針」で，「戦時諸国策遂行ノ経済的基礎ヲ強化確立シ高度国防国家体制ノ完成ヲ促進スル為メ財政金融ニ関シ所要ノ改革ヲ行ヒ国家資金力ヲ計画的ニ動員配分スルト共ニ資金運用ノ方針機構及方法ヲ改善シ綜合計画経済ノ円滑ナル運営ノ下ニ国家経済力ノ最高度ノ発揮ヲ期ス」と規定し，また「第2　要綱　1. 国家資金動員ニ関スル計画」では，「(1) 国民経済ノ総生産額其他ヲ綜合的ニ勘案シテ国家資力ヲ概定シ之ヲ国家目的ニ従ヒテ財政，産業及国民消費ノ三者ニ合理的ニ配分スベキ国家資金動員計画ヲ設定ス　(2) 国民貯蓄計画ハ右国家資金動員計画ニ基キテ樹立スルモノトス　(3) 国家資金動員計画ハ毎年度之ヲ定ム尚将来数ケ年度ニ亘リテモ之ヲ概定スルモノトス」，ことも規定していた。

　これを受けて大蔵省内に国家資力研究室が開設され，毎年度の国家資力（および国民所得）の算定の上で，国家資力を財政，産業，国民消費に合理的に配分する国家資金計画が編成されるようになった。1942年度・国家資金綜合計画がその端緒であり，本格的には43-45年度・国家資金動員計画がそれである[11]。これによって国民所得の配分計画（財政，産業，国民消費）と関連して，戦時公債消化資金と産業資金（生産力拡充資金）が国民貯蓄［＝国民所得－（租税負担＋消費支出）］によって賄われるべき，という一応の形式的説明がつくようになった[12]。そこで，次に1942年度以降の国家資金計画について詳しくみてみよう。

4-2　国家資金計画

　表1-18は国家資金配分計画での計画と実績・見込（1942-45年度）を示している。いま実績額の推移（1942年度→44年度）をみると次のことがわかる。第

11）『昭和財政史』第11巻（金融・下），216-217ページ参照。なおここでの国家資力とは，国民所得に，既存資本動員（減価償却相当額，等），海外資金動員，その他（金融的形成資金，等）の国民所得以外の資力を加えた数値をいう（統計研究会編1951, 22-29ページ参照）。

12）『昭和財政史』第11巻（金融・下），224ページ参照。

表1-18　国家資金配分計画

(億円)

	1942年度 実績	1943年度 計画	1943年度 実績	1944年度 計画	1944年度 実績	1945年度 見込
国家資力総額	615	657	796	834	1,079	1,189
動員資金総額	379	460	543	620	832	949
Ⅰ財政資金	250	324	349	440	480	656
1．国庫財政	230	302	325	412	451	628
①軍事費	162	199	222	275	328	440
②行政費	57	92	92	122	111	173
③投資出費	11	11	11	15	12	15
2．地方財政	20	22	24	28	29	37
Ⅱ産業資金	124	127	195	161	352	254
1．国内産業資金	106	110	175	139	331	239
①軍需産業	25	34	42	42	99	91
②生拡産業	38	43	52	41	60	44
③一般産業	13	7	11	5	30	14
④その他資金	30	27	69	51	143	90
2．対外投資資金	18	16	20	22	21	14
3．調整準備金	0	10		20	0	30
国民消費資金	236	197	249	214	244	240

(出所) 統計研究会 (1951)『戦時および戦後のわが国資金計画の構造』より作成。

1に，国家資力の大半が戦時資金動員に活用されるようになっている。つまり，動員資金総額（財政資金と産業資金）は42年度379億円から44年度832億円へと2.2倍に増加し，国家資力総額に占めるシェアも42年度62％から44年度77％に上昇している。

第2に，財政資金は1942年度250億円から44年度480億円へと1.9倍に増加している。その中身をみると，①軍事費は42年度162億円から44年度328億円へと2.0倍に増加し，財政資金に占めるシェアも65％から68％に上昇している。②行政費も42年度57億円から44年度111億円へと1.9倍に増加している。戦時期財政では直接的な軍事費だけではなく，戦時国内体制の整備（防空，等）や生産力拡充のための補助金・補給金支出としての行政費も増加していたのである。③投資出費（国庫）と地方財政の合計は30～40億円程度で比較的小規模のままで，大きな変化はない。

第3に，産業資金も1942年度124億円から44年度352億円へと2.8倍に増加している。中でも，①直接的な軍需産業向けは42年度25億円から44年度

99億円へと4.0倍に激増している。②軍需産業を支える石炭，鉄鋼，化学，電力など生産力拡大産業向けも38億円から60億円へと1.5倍に増加している。

第4に，動員資金総額が増大するのとは反対に，国民消費資金は1942年度236億円，43年度249億円，44年度244億円へと停滞しており，国家資力総額に占めるシェアも42年度38％から44年度23％に低下している。戦時期の資金配分（実績）においても国民消費支出が犠牲にされていたことが確認できる。

それでは，財政資金と産業資金に動員された資金総額はどのように調達されたのであろうか。表1-19は財政資金の，表1-20は産業資金の調達計画と実績・見込を示したものである（1942-45年度）。表1-19によれば，財政資金実績

表1-19 財政資金の調達計画

(億円)

	1942年度 実績	1943年度 計画	1943年度 実績	1944年度 計画	1944年度 実績	1945年度 見込
財政資金	250	326	349	440	480	666
租税その他普通歳入	104	127	139	180	207	226
1. 国庫収入	93	116	125	164	192	208
2. 地方収入	11	11	14	118	15	18
公債	141	195	209	258	300	466
1. 国債	139	192	206	255	295	459
2. 地方債	2	3	2	3	5	7
現地国庫収入	4	1	1	2	2	2
国庫一時余裕金	—	—	—	—	−29	−30

（出所）統計研究会（1951）『戦時および戦後のわが国資金計画の構造』より作成。

表1-20 産業資金の調達計画

(億円)

	1942年度 実績	1943年度 計画	1943年度 実績	1944年度 計画	1944年度 実績	1945年度 見込
産業資金	124	137	195	161	352	254
国内産業資金	106	110	175	139	331	239
1. 自己資金	15	15	20	23	23	27
2. 株式払込	30	36	47	41	52	43
3. 社債増加	14	15	18	18	20	21
4. 借入金増加	47	44	90	57	236	149
対外投資	18	16	20	22	21	14

（出所）統計研究会（1951）『戦時および戦後のわが国資金計画の構造』より作成。

表 1-21　資金動員計画

(億円)

	1942年度 実績	1943年度 計画	1943年度 実績	1944年度 計画	1944年度 実績	1945年度 見込
動員資金総額	379	460	543	620	832	949
国内動員資金	348	437	532	620	833	953
1. 財政課徴	104	127	139	180	207	227
2. 国民貯蓄動員	221	295	327	417	475	700
3. 企業自己資金	15	15	20	23	23	27
4. 通貨増発	8	0	44	0	128	0
海外資金動員	31	23	17	0	2	-4

(出所) 統計研究会 (1951) 『戦時および戦後のわが国資金計画の構造』より作成。

額は，①租税その他普通歳入は42年度104億円から44年度207億円へと2.0倍に増加しており，その9割が国庫収入である。②公債も42年度141億円から44年度300億円へと2.1倍に増加しているが，その大半は国債である。③公債は財政資金の6割前後を占めていた。

次に，表1-20によれば，国内産業資金実績は，①1942年度106億円から44年度331億円へと3.1倍に増加している。②資金内訳では借入金増加が42年度47億円，43年度90億円，44年度236億円で最も大きく，その資金シェアも44％，51％，67％に上昇していた。③自己資金，株式払込，社債増加も資金調達において一定の役割を果たしている。

最後に，表1-21は資金動員の源泉を示したものである。その実績額をみると，国民の直接的負担となる租税等の財政課徴は1942年度104億円，43年度139億円，44年度207億円へと急増し国内動員資金に占めるシェアは25～30％に達していた。一方，公債消化や企業借入金の資金源となる国民貯蓄動員は42年度221億円，43年度327億円，44年度475億円へと増大しており，国内動員資金に占めるシェアも59～63％に達していた。

4-3　資金動員の実態

戦時期において上記のような財政課徴や貯蓄増強によって遂行された資金動員の実態を個人所得・法人所得の処分（使われ方），租税負担，戦時国債の発行・引受・消化，民間企業への資金貸出という側面からみてみよう。

まず表1-22は，個人所得とその処分内容の推移（1935-44年）を示している。ここでの個人所得とは，分配国民所得（表1-14）での個人勤労所得，個人業主所得，個人賃貸料所得，個人利子所得に，法人所得のうちの個人配当所得（表1-23）を加えた所得額である。そしてこの個人所得は分配国所得の9割強を占めていた。さて表1-22からは次のことがわかる。第1に，個人所得のうち消費支出に回される所得シェアは大幅に低下している。その水準は1935年80％から40年68％，44年52％へと一貫して低下しており，戦時下における個人生活水準の悪化を表現している。同時にこれは，先に表1-8でみた国民総支出に占める個人消費支出のシェアの大きな低下を説明することになる。

表1-22 個人所得とその処分・構成比

年次	個人所得		個人消費支出		個人税および税外負担		個人貯蓄	
	億円	%	億円	%	億円	%	億円	%
1935	135	100.0	108	80.0	5	4.0	22	16.8
1936	145	100.0	114	78.7	6	4.0	25	17.9
1937	164	100.0	128	78.1	7	4.4	29	18.0
1938	185	100.0	139	75.1	9	5.1	37	20.3
1939	236	100.0	165	69.9	11	4.9	60	25.4
1940	283	100.0	192	67.8	17	6.1	74	26.5
1941	327	100.0	207	63.3	21	6.3	100	30.8
1942	380	100.0	237	62.5	30	8.0	112	29.9
1943	433	100.0	260	60.0	35	8.1	138	32.6
1944	509	100.0	266	52.2	50	9.8	193	39.5

（出所）『国民所得白書』昭和38年度版，140, 142ページより作成。

表1-23 法人所得とその処分

年次	法人所得（100万円）				分配国民所得での構成比（%）			
	計	法人税	個人配当	内部留保	法人所得	法人税	個人配当	内部留保
1935	1,250	334	566	350	8.6	2.3	3.9	2.4
1937	1,986	575	785	626	10.6	3.1	4.2	3.3
1940	3,943	1,492	1,230	1,221	12.7	4.8	4.0	3.9
1941	4,720	1,783	1,156	1,781	13.2	5.0	3.2	5.0
1942	5,751	2,344	1,231	2,176	13.7	5.6	2.9	5.2
1943	6,806	2,951	1,336	2,519	14.0	6.1	2.7	5.2
1944	8,569	4,204	1,379	2,986	15.0	7.4	2.4	5.2

（出所）『国民所得白書』昭和38年度版，160-163ページより作成。

第2に，個人税および税外負担のシェアは1935年4%から40年6%，44年10%へと上昇している。これは戦時財政の中で所得税増税などが繰り返され，個人への直接的課税負担が増大したことを物語る。ただここには消費課税など間接税負担は入っていないことに注意すべきである。間接税負担を含めれば個人の租税負担はより重くなっている。

　第3に，個人所得の処分に占める貯蓄シェアは1935年の17%弱から，40年26%，44年40%弱へと大きく上昇している。この個人貯蓄とは，個々の貯蓄の集計額ではなく，個人所得から消費支出および税負担を差し引いた残額を，マクロでみた個人貯蓄と便宜的にみなしているものである。とはいえ，この個人貯蓄の増加こそが，後述の郵便貯金（預金部資金）や銀行預金の増額への資金源になるのである。

　次に，表1-23は法人所得とその処分内訳の推移を示している。戦争経済の進行とともに法人所得が急増したことは（1935年12億円→44年86億円），先にも指摘したところであるが（表1-14参照），法人所得の処分内容にも注目すべき変化がある。第1に，法人税負担が急増している。分配国民所得に占める法人税負担のシェアをみると，35年2.3%，40年4.8%，44年7.4%へと増加している。これは戦時期の財政支出拡大の財源確保のために，法人所得税の増税が繰り返されたからである[13]。

　第2に，課税後の法人所得の処分に関しては，個人配当よりも内部留保が優先された。分配国民所得に占めるシェアでは，個人配当は1935年3.9%，40年4.0%から44年には2.4%に低下している。逆に，内部留保は35年2.4%，40年3.9%，44年5.2%と持続的に上昇している。この企業内部留保拡大は，軍需生産拡大に向けて民間企業の設備投資を促進するための措置でもあった[14]。

　さて，上記の個人所得，法人所得の処分で示されたように，戦時期日本財政

---

13) 戦時期日本の法人所得税増税については，関野（2017a）を参照されたい。
14) 日本の戦争後期における配当抑制と内部留保拡充に向けての政策については，関野（2017a），287ページを参照されたい。

においては,一方での個人所得と法人所得への直接的な増税(所得税,法人税,臨時利得税)に加えて,様々な消費課税(酒税,砂糖消費税,物品税,等)の増税も繰り返されており,租税負担は急上昇していった。表1-24が示すように,①国税収入(一般会計)は1941年度の42億円から44年度の114億円へと2.7倍に急増しているが,その増収の中心は直接税では所得税(14億円→40億円),法人税(5億円→13億円),臨時利得税(10億円→26億円)等の所得課税であり,間接税では酒税(4億円→9億円),物品税(2億円→10億円),遊興飲食税(2億円→5億円)等の消費課税であった[15]。この結果,戦時期においては租税負担額と租税負担率は急速に上昇していった。表1-25によれば次のことがわかる。① 国税・地方税を合わせた租税負担額は35年18億円,40年50億円,44年136億円へと拡大している。② 分配国民所得に対する租税負担の比率(いわゆる国民負担率)は35年12.7%から40年16.1%,44年23.8%に上昇している。③ 戦時期の租税負担額・負担率の上昇はもっぱら国税負担の増加によるものである。

表1-24 政府一般会計租税収入の推移

(100万円)

年　度	1941	1942	1943	1944	1945
総　計	4,257	6,633	8,455	11,437	10,337
直接税	3,048	4,611	5,422	8,375	7,334
所得税	1,401	2,236	2,604	4,040	3,820
法人税	530	765	978	1,312	1,161
臨時利得税	997	1,484	1,698	2,591	1,961
相続税	64	86	117	145	176
間接税	1,209	2,022	3,012	3,061	3,003
酒税	359	433	720	883	1,130
砂糖消費税	119	143	141	70	10
織物消費税	130	197	188	139	109
物品税	180	441	799	970	532
遊興飲食税	200	482	750	553	588
直接税比率(%)	71.6	69.5	64.4	73.2	70.9
間接税比率(%)	28.4	30.5	35.6	26.8	29.1

(注) 主要税収のみ計上した。
(出所)『大蔵省史』第2巻,430-432ページより作成。

---

15) 日本の戦時増税について詳しくは,関野(2017a)(2017b)を参照されたい。

表 1-25　租税負担の推移

(100万円, %)

年次	租税額			負担率（対分配国民所得）		
	国税	地方税	計	国税	地方税	計
1935	1,202	630	1,832	8.3	4.4	12.7
1936	1,361	667	2,028	8.7	4.3	13.0
1937	1,821	653	2,474	9.8	3.5	13.3
1938	2,374	698	3,072	11.8	3.5	15.3
1939	2,933	757	3,690	11.6	3.0	14.6
1940	4,219	784	5,003	13.6	2.5	16.1
1941	4,931	879	5,810	13.8	2.4	16.2
1942	7,522	934	8,456	17.8	2.2	20.0
1943	9,915	992	10,907	20.5	2.0	22.5
1944	12,715	862	13,577	22.3	1.5	23.8

(出所) 経済審議庁調査部国民所得課編 (1954), 282ページより作成。

表 1-26　戦時国債発行額の推移

(100万円)

年度	新規国債発行額 (A)	うち軍事公債 (B)	B/A (%)
1937	2,230	1,751	78
1938	4,530	3,807	83
1939	5,517	4,371	79
1940	6,865	5,228	75
1941	10,191	7,100	69
1942	13,719	12,564	91
1943	20,471	17,538	86
1944	30,810	23,809	77
1945	42,474	32,260	76
合計	136,827	108,428	79

(出所) 『昭和財政史』第6巻（国債），292, 389ページより作成。

　次に，表1-22でみたような個人貯蓄の増加が，戦時国債の消化や民間投資の資金源として機能していた実態を確認しておこう。表1-26は日中戦争開始後の1937年度以降45年度までの国債発行額の推移を示している。戦時期9年間で発行された国債総額は1368億円で，そのうち直接的な戦費調達のための軍事公債は1084億円，発行総額の79％を占めていた。特に太平洋戦争開始後の41年度以降は毎年度100～420億円の巨額の国債発行していたことがわかる。

　そして発行された国債の引受機関別内訳の推移を示したのが表1-27である。

30 第1部 国家財政と経済成長・財政再建

表1-27 新規国債の発行方法別一覧

(100万円)

年度	日銀引受		預金部引受		郵便局売出		国債引受団		計	
	金額	%	金額	%	金額	%	金額	%	金額	%
1937	1,661	74.5	350	15.7	118	5.3	100	4.5	2,230	100
1938	3,275	72.3	780	17.2	475	10.8			4,530	100
1939	3,519	63.8	1,500	27.2	496	9.0			5,516	100
1940	4,393	63.8	1,890	27.5	601	8.7			6,884	100
1941	7,318	71.2	2,150	21.1	722	7.1			10,191	100
1942	10,068	70.6	3,050	21.4	1,141	8.0			14,259	100
1943	13,945	56.9	5,900	27.9	1,302	6.2			21,147	100
1944	19,010	63.2	10,400	34.6	666	2.2			30,076	100
1945	21,359	63.9	11,923	35.7	149	0.4			33,431	100

(出所)『昭和財政史』第6巻(国債),343,470ページより作成。

表1-28 預金部資金の預金額と国債保有額

(100万円)

	預金額 (A)	国債保有額 (B)	B/A (%)
1937年12月	3,994	2,368	59.3
1941年12月	10,256	8,440	82.3
1944年 3月	21,944	20,802	94.8

(出所)『昭和財政史』第11巻(金融・下),30-35ページ,同第6巻(国債),471ページより作成。

同表によれば戦時期9年間を通じて全体として国債は,日銀引受6〜7割,預金部引受2〜3割,郵便局売出1割弱という配分で発行されていたことが確認できる。預金部引受とは郵便貯金を原資とする大蔵省預金部資金による国債引受であり,郵便局売出も国民貯蓄による購入である。つまりこれらは,郵便局を経由した国民貯蓄による戦時国債の購入ということになる。特に預金部資金の運用は,表1-28が示すように,戦時中はほとんど国債購入にあてられていたのである。

これに対して,国債発行の6〜7割を占めていた日銀引受は,直接的には戦費調達のための紙幣増発であるが(インフレ要因),この日銀保有国債は市中資金の回収を図るために(インフレ抑制),資金市場で積極的に民間金融機関に売却されており,間接的には銀行預金という国民貯蓄によって消化されていた。表1-29は太平洋戦争期の全国銀行の預金増加額と国債保有増加額の推移を示

表 1-29　全国銀行の預金増加額と国債保有増加額

(100 万円)

年度	預金増加額 (A)	国債増加額 (B)	B/A (%)
1942 年上期	4,621	2,600	56.3
下期	4,147	2,699	65.1
1943 年上期	5,313	3,272	61.6
下期	4,449	2,529	56.8
1944 年上期	9,352	3,690	39.5
下期	12,247	5,220	42.6
1945 年上期	44,027	8,279	18.8

(出所)『昭和財政史』第 6 巻 (国債), 472-473 ページより作成。

表 1-30　金融機関の業種別貸出金残高

(上段:100 万円, 下段:%)

	1940 年 6 月末	1942 年 12 月末	1945 年 3 月末
鉱業	748	1,346	2,256
工業	5,192	9,333	26,611
紡績工業	953	1,197	2,043
金属工業	822	1,346	3,694
機械器具工業	1,522	1,751	6,535
兵器工業	—	1,821	8,904
化学工業	732	1,587	3,395
交通業	947	1,232	2,158
商業	2,346	4,370	10,443
合計	12,722	20,406	51,590
(構成比)			
工業	40.8	45.7	51.6
金属工業	6.5	6.6	7.2
機械器具工業	12.2	8.6	12.7
兵器工業	—	8.9	17.3

(注) 工業にはその他工業を, 合計にはその他業種を含む。
(出所)『昭和財政史』第 11 巻 (金融・下), 44-45 ページより作成。

している。この表からは次のことが判明する。① 1942-43 年度における年間 90 億円前後の預金増加額のうちその 6 割を国債購入 (国債増加額) にあてていた。② 44 年度には預金増加額は 215 億円にものぼり, 国債増加額も 90 億円弱に達するが, 預金増加額に対する比率は 4 割に低下していた。③ 45 年度上期には預金増加額 440 億円で, 国債増加額も 80 億円を超えていたが, その比率は 2 割弱に低下していた。

　民間金融機関 (全国銀行) は, 戦時経済の中で増加する預金高 (国民貯蓄) の

多くを確かに国債購入に振り向けていた。しかしその一方で，民間金融機関には軍需生産拡大に対応した民間企業の設備投資資金，産業資金の供給拡大も求められていた。例えば表1-30は，戦時期の金融機関貸出残高の変化を示している。貸出金総額は1940年6月の127億円から45年3月には516億円へと4.3倍に増加している。同期間には貸出先の工業のシェアは41%から52%に上昇しているが，中でも機械器具・兵器工業のシェアは12%から30%へと顕著に増加していることがわかる。このように戦時期日本では，増強された国民貯蓄は膨大な戦時国債の消化だけではなく，軍需産業向けの民間企業設備投資にも積極的に利用されていたのである。

5．おわりに

戦時期日本経済の動向について，本章では主にGNP（国民総支出），国民所得，国家資金動員というマクロ要素に注目して検討してきた。最後に以上の考察から得られた若干の結論を述べて本章の結びとしたい。

第1に，戦時期日本経済（1937-45年）は平時（1935年水準）に比べると実質経済規模で2～3割の拡大になったが，戦時期そのものにおける実質的な経済成長はない。確かに名目GNPと名目国民所得は急速に増加したが，実質GNP水準はほとんど停滞していた。日本はこの戦時経済規模を，資源，労働力等の制約の下で，統制経済を強めてかろうじて実現していたのである。

第2に，戦時期において日本の名目GNPを成長させ，一定の経済規模（実質GNP）を支えていたのは，国民総支出の側面からみると，主要には政府財政による軍事支出であり，軍需生産力拡大のための民間企業設備投資（国内資本形成）がそれを補強していた。反対に，平時には国民総支出の主体である個人消費支出は戦時には大幅に縮小していた。日本の戦争経済は，国民の消費支出・生活水準を大きく低下させたのである。

第3に，戦時期における名目国民所得の成長を生産・分配からみると，産業別所得では軍需産業関連の第2次産業・製造業が著しく，分配面では同産業関連の個人所得・法人所得の伸びが大きい。また，国民所得の9割前後を占めて

いた個人所得は，総力戦を遂行する戦争経済の下では資産性所得よりも生産・勤労所得の比重が高まっていた。

　第4に，戦時期日本の軍需生産活動，ひいては日本の戦争経済が機能するためには，軍事支出のための政府財源（租税と戦時国債）と民間設備投資のための貸出資金が必要かつ十分に確保される必要があった。これは名目成長する国民所得，特に個人所得から，国家資金動員計画の下で増税負担と強制的貯蓄増強によって調達されていた。戦時期に名目的に成長した個人所得の大半は，増税と貯蓄に吸収されてしまい，個人消費支出は極限まで押しつぶされていったのである。

参　考　文　献

アメリカ合衆国戦略爆撃調査団（1950）『日本戦争経済の崩壊』日本評論社。
大蔵省財政史室編（1998）『大蔵省史』第2巻。
大蔵省主税局編『主税局統計年報』各年度版。
大蔵省昭和財政史編集室編（1955）『昭和財政史』第4巻（臨時軍事費）。
大蔵省昭和財政史編集室編（1954）『昭和財政史』第6巻（国債）。
大蔵省昭和財政史編集室編（1957）『昭和財政史』第11巻（金融・下）。
河村哲二（1998）『第二次大戦期アメリカ戦時経済の研究』御茶の水書房。
経済企画庁編（1965）『国民所得白書』昭和38年度版。
経済審議庁調査部国民所得課（1954）『日本経済と国民所得』国民所得解説資料第三号。
コーヘン・J. B.（1950）『戦時戦後の日本経済　上・下』岩波書店。
関野満夫（2017a）「日本の戦時財政と所得課税」中央大学『経済学論纂』第57巻第3・4号。
関野満夫（2017b）「日本の戦時財政と消費課税」中央大学『経済学論纂』第58巻第1号。
東京大学社会科学研究所編（1979）『ファシズム期の国家と社会　2　戦時日本経済』東京大学出版会。
統計研究会（1951）『戦時および戦後のわが国資金計画の構造』1951年6月。
東洋経済新報社編（1950）『昭和産業史』第3巻。
原朗（2013）『日本戦時経済研究』東京大学出版会。
向山巌（1966）『アメリカ経済の発展構造』未来社。
山崎志郎（2011）『戦時経済総動員体制の研究』日本経済評論社。
山崎広明（1979）「日本戦争経済の崩壊とその特質」東京大学社会科学研究所編（1979）第1章。
Boelcke, Willi A.（1985）, *Die Kosten von Hitlers Krieg*, Schöningh.

Hancock, W. K. and M. M. Gowing (1949), *British War Economy*, London.
Klein, Burton H. (1959), *Germany's Economic Preparations for War*, Harvard Univversity Press.
Maddison, Angus (1991), *Dynamic Forces in Capitalist Development*, Oxford University Press.
Overy, R. J. (1992), *War and Economy in the Third Reich*, Oxford University Press.
Studenski, Paul and Herman E. Krooss (1963), *Financial History of the United States*, McGraw-Hill.
United States (1955), *Economic Report of the President, Jan. 20, 1955*.
Vatter, Harold G. (1985), *The U.S. Economy in World War II*, Columbia University Press.

第 2 章

日本の財政運営と財政政策
――アベノミクスの財政政策の批判的検討――

柳 下 正 和

1. はじめに

　一般債務残高が対 GDP 比で 200％を超え，日本の財政の持続可能性が懸念されている。日本は先進諸国の中でも例外的な存在となり，慢性的な財政赤字と公的債務累積の背景にある要因を探る研究やシミュレートを行い財政の持続可能性について検証している研究[1]がある。それらの研究のいずれも，財政再建の緊急性を警告しており，歳入面と歳出面の改革を訴える。

　とりわけ，歳入の確保のための増税と構造改革の必要性が説かれる。しかし，政府は経済成長を通じて税収を増やし，財政健全化を実現するスタンスでいる。経済成長による増収を期待しての財政健全化は，そもそも間違いである。その理由は，税収は予想よりも上回ることもあれば，下回ることもあり，政府が経済をコントロールできる余地が小さいためである[2]。

　本章では，日本の財政運営や財政政策について，1980 年代から検討し，慢性的な財政赤字と公的債務累積の要因を探り，アベノミクスの財政政策を批判的に分析し，日本の財政健全化に対する示唆を述べる。

---

1) 橋本・木村（2013）を参照されたい。
2) 小幡（2016），21 ページ。

2. 日本の財政運営と財政政策

2-1 財政再建の取り組み

これまで，日本政府が意図して実行した財政再建の取り組みについては大きく3回であったと説明される[3]。第1に，1980年代の「増税なき財政再建」である。第2に，1990年代後半の橋本政権における財政再建の試みである。第3に，2001～2006年の小泉政権下での財政再建である。

1980年代に財政が悪化したときに，政府は「増税なき財政再建」のスローガンを掲げ，歳出抑制を追求した。1990年度に中央政府は公債発行なしに一般会計の経常経費の財源確保に成功したことからこの戦略は一定の効果をあげたと評価されている。バブル経済崩壊後，財政状況の悪化が進み，1990年代後半の橋本政権下において，財政健全化が試みられた。消費税率が3％から5％に引き上げられたが，財政健全化のための規律ルールの導入は，導入直後に失敗している。第3の財政再建は，小泉政権下で行われた。小泉首相は歳出削減に努力を傾け，一般政府支出，中央政府の一般会計歳出の若干の減少につながった。また，基礎的財政収支もこのときに若干の改善がみられている。

図2-1で，この間の財政運営における歳入と歳出をみてみよう。歳出面については，1990年代に着実に増加したが，増加のペースが1980年代と同等か，それ以下にとどまっていること，2001～2006年の小泉政権下での緊縮財政を反映し，GDP比でも減少している。歳入面に関しては，債務急増の主因が歳入減少にあった。1990年代初めから続いた経済停滞による租税収入の減少だけでなく，1990年代以降，減税政策が続けられ，本格的な歳入増加策がまったくみられなかったことが注視に値する。1989年と1997年の消費税の増税でさえ，所得税と法人税といった所得課税の減税が組み合わされ行われた。問題は，むしろ歳入サイドにあると説明される。政府は「歳出をまかなうに足る税収を上げることに失敗しただけでなく，税収を増やすことを回避し続けた」の

---

3) 髙端・嶋田（2016），124ページ。

図 2-1　一般会計における歳入・歳出の状況

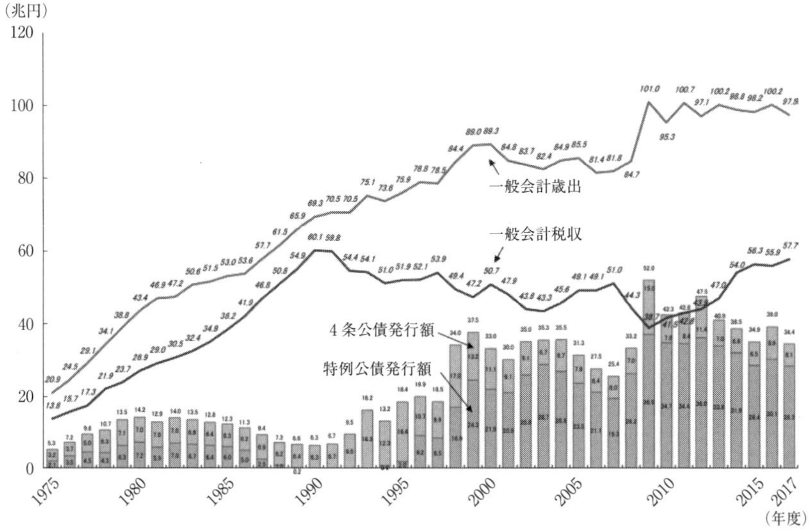

（出所）財務省ホームページ（http://www.zaisei.mof.go.jp/data/）。

である[4]。

　2000年代半ばには，社会保障の需要が著しく増大する。高齢化は公的年金，医療，介護サービスの支出を押し上げただけでなく，少子化は，生産年齢人口の減少が社会保険財政や経済成長の問題に拍車をかけた。生産年齢人口の経済状況は著しく悪化し，所得格差や貧困の問題を惹起した。社会政策に対する世論の認識の高まりは，2009年の総選挙における民主党の圧倒的勝利につながり，1950年代から続いた自由民主党の政権に終止符が打たれた。

　民主党も増税を行わず，福祉政策の改善に必要な財源を優先順位の低い歳出項目の削減，いわゆる事業仕分けによって捻出することを主張した。歳出削減による十分な財源確保に失敗した彼らは，選挙公約に反して増税に向かうのである。2012年に成立した「社会保障・税一体改革」構想は，社会保障に必要な財源を調達する目的で消費税を引き上げるものと説明されたが，増税による

---

[4]　高端・嶋田（2016），125-26ページ。

増収分の多くは債務削減にあてられるように計画された。民主党の増税判断に関して,解散総選挙が同年に行われ,民意が問われたが,自民党が絶対多数を取り戻す結果に終わった。

政権を奪還した自民党は安倍晋三首相の下で「アベノミクス」と呼ばれる経済政策を展開した。財政収支の改善については,拡張的フィスカル・ポリシーを伴う異次元の金融緩和による景気回復の可能性に強く依存している。その経済政策はデフレ解消のための金融政策と機動的な財政政策をうたっている。安倍政権の財政運営と財政再建の取り組みに関しては後述する。

2-2 財政政策の基本的パターンの確立

増税を回避し続け,財政支出を社会保障支出の切り捨てと投資的支出の付け替えによって抑制してきた日本の財政政策の基本パターンは,1980年代に定着した。高端・嶋田(2016)は,制度的・政治的な文脈から日本財政の展開に決定的に作用したことを明らかにしている[5]。

予算の収支均衡は一般会計のみに関するものとして官僚や政治家に受け取られてきたことが,特別会計の乱設と財政投融資の積極的活用に結びつき,租税に依存しない政策手段として財政投融資拡大のインセンティブとして働いた。また,高度経済成長期には,経済成長の結果として,所得水準が向上し,所得税の負担が重くなることが懸念された。そこで,毎年のように税制改革を実施し,所得税を減税した。度重なる減税にもかかわらず,政府は自然増収を享受した。減税の恩恵としては,中間層の可処分所得を増加させ,経済的な自立につながっただけでなく,社会支出のニーズの抑制にも貢献した。高い貯蓄率が実現され,その大部分が財政投融資の財源になった。

しかし,1973年のオイルショックは経済的停滞をもたらした。税収の伸びは鈍化し,公的な福祉に対する需要が高まった。1970年代後半から日本の財政赤字が急増した。減税に慣れきった国民に対して課税の強化は困難であっ

---

[5] 高端・嶋田(2016),140-141ページ。

た。個人所得税の増税が困難を極める中，法人所得税の増税が強化されたが，それに対して財界は反対の度を強めていった。間接税の導入が検討課題として浮上した。1978年に，大平正芳首相が一般消費税構想を発表したが，反発に直面し，取り下げに追い込まれた。取り下げは，衆議院選挙の敗北につながり，その結果，大平は辞職した。

　この政治的挫折が「増税なき財政再建」につながったとされる。「増税なき財政再建」は財界と政府の妥協の産物であったと説明される。それは，一般消費税の導入や個人所得税の負担強化に対する根強い抵抗にあった大蔵省（現財務省）が，法人税の増税に頼る以外の道が見出せずに，名目法人税率が43.3％と戦後最高水準に達した。法人税負担の増加を受け入れることと引き換えに，経団連の前会長である土光敏夫氏が第2次臨時行政調査会の会長に就任した。第2臨調は，1980年代における歳出削減の基本路線について，公的年金・医療保険改革や，巨額の債務を抱えた国有鉄道を含む大規模国営企業の民営化といった大きな改革を提言した。

3. 失われた20年の財政金融政策

3-1　1990年代以降の財政政策

　1980年代末のバブル経済により，日本の財政は健全化の方向に向かった。しかし，バブル経済が崩壊した1990年代に入り「失われた20年」に突入し，経済は急速に減速した。1990年代初めの景気後退が80年代後半の資産価格バブルの余波であり，一時的なものであるにすぎないとの思惑から，政府による景気刺激策は積極的なものであったとはいえない部分があった。そのため，1995年にピークを迎えた円高傾向が終息を迎え，緩やかな景気回復が始まると，橋本内閣と大蔵省は，日本経済がすぐに以前の経済成長のトレンドを回復するであろうという誤った推測に基づき，1997年4月に消費税を3％から5％に引き上げる決定を行った。

　この判断は結果として裏目に出てしまい，消費税引き上げ後の1997年夏にアジア金融危機が発生し，同年秋には国内金融危機が日本経済を襲った。1998

年から 99 年にかけての日本経済は消費税の引き上げと金融危機の相乗効果で最悪の不況を経験することになった。これに対応するために，1998 年の夏に発足した小渕内閣では，一転して大規模な景気刺激策が実施される。1997 年の消費税率引き上げは景気後退の深刻化に貢献してしまう結果となり，財政悪化を加速させてしまった。

小渕内閣とその後を引き継いだ森内閣の下での財政拡張路線は，経済を好転し始めたが，小泉政権が発足した 2001 年には終わりを迎える。2000 年代の日本の財政運営は財政再建路線を辿ることになるが，小泉総理は財政刺激よりも構造改革が重要であることを強調した。小泉政権は不良債権問題をうまく処理したものの，日本経済がバブル経済崩壊以前の力強さを取り戻すことはついになかった。同時に，少子高齢化の進展による社会保障費の増加の加速が，政府債務の対 GDP 比は緩やかに上昇を続けた。

この間の財政政策の変遷に関して，祝迫（2014）は次のように分析している[6]。第 1 に近年の日本における財政支出と政府支出の内容を精査すると所得再分配の手段としての機能が高まり，結果として政府投資は非効率化し，景気刺激策としての有効性が低下した。第 2 に，1990 年代の税制改革によって，所得税率がフラット化したこと，税収に占める割合が直接税から間接税へシフトしたことで，税収全体の変動が小さくなり，経済成長率との相関も小さくなっていることを示唆する実証結果が示されている。これらのことから，1990 年代前後にはビルトインスタビライザー機能が低下した可能性が高く，「失われた 20 年間」における日本のマクロ経済政策の効果を的確に評価しようとするならば，この点を考慮に入れ分析を行う必要があると主張する。またルールとしての財政再建路線を堅持する必要があるが，財政政策を発動する必要があるのはどのタイミングであるのか，どのような財政支出項目を優先すべきかについて，「失われた 20 年」の出来事を注意深く検討する必要があると示唆している。

---

6) 祝迫（2014）を参照されたい。

3-2　財政赤字の累積と低金利

「失われた20年」に実行された財政政策について，公共投資の拡大，減税，金融緩和という政策ミックスで対応を図った。財政的にこのような政策ミックスが実施可能となったのかという疑問の解答を，高端・嶋田は，「政府が長期金利を低い水準に抑えることにより，巨額の公債発行が可能な条件を作り出すころに成功した」点にあるとしている。図 2-2 によれば，日本の長期金利が他の主要国と比べると，持続的に低かったことがわかる。財政状況の悪化が通常は金利の上昇に結びつくのであるが，このデータから，日本のケースが例外的として際立っていると指摘している。この点について，高端・嶋田は，「日本においてはなぜ，財政健全化に成功することなく，長期金利をきわめて低く保つことが可能であったのか」と疑問を呈し，その解答として4つのキーファクターを説明している[7]。

第1に，1990年代半ば以降，非金融民間部門が資金余剰を維持し続けた結果，公債発行に基づく政府支出の増加が民間投資を圧迫し，金利の上昇につながる余地が小さかったことである。第2に，民間金融機関による低リスク資産

図 2-2　G7 各国の 10 年国債利回り

（出所）内閣府（2017）『世界経済の潮流 2016 Ⅱ』，4ページ。

---

7) 高端・嶋田（2016），136-137 ページ。

としての国債保有が進んだことである。金融市場において，低金利状況，より厳格な会計基準の導入や世界金融危機が安全資産への投資がこの傾向を後押しし，長期金利の低位安定に寄与した。第3に，日本国債の海外保有比率が低い（図2-3）。そのことで，海外投資家による公債大量売却を引き金とするようなギリシャ危機的な状況が日本では生じにくいこと，国内金融機関がバランスシートに大量の国債を安全資産として計上しているため，国債価格の急落を望まないことが，政府と国内の国債保有者の間に，金利の低位安定に共通の利益を見出す要因となっていることを指摘する。第4に，公債消化に重要な役割を果たす財政投融資と日銀の存在を挙げている。公的な金融システムである財政投融資は，郵便貯金と公的年金の積立金は，大蔵省（現財務省）の資金運用部資金に強制預託されていた。政府は，公債を吸収するために資金運用部資金を積極的に活用し，1989年時点で，国内で保有されていた国債の39.6％を資金運用部が持っていたのである。

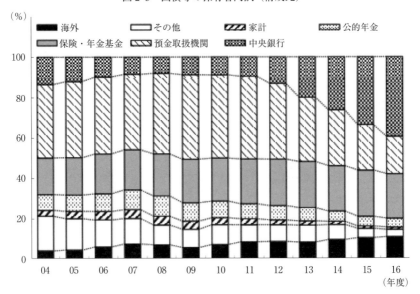

図2-3　国債等の保有者内訳（構成比）

（出所）日本銀行調査統計局(2018)「参考図表　2017年第4四半期の資金循環（速報）」, 10ページ。

財政投融資は，2001年の抜本的改革で，郵便貯金と公的年金積立金を分離した。資金運用部は廃止され，財政投融資の規模は縮小された。2000年の77.3兆円から2006年の23.9％へと大幅に縮小されたが，これによる国債保有の減少の一定部分が，ゆうちょ銀行と公的年金基金による直接買い入れによって補完されたのである。2001年4月に，日銀が量的緩和政策を採用し，巨額の国債引き受けを開始した。2006年3月にいったん量的緩和政策を終了させたが，日銀の国債保有額は2000年の47.7兆円から2004年の92.1兆円に増加した。日銀が，公開市場操作を通じて，国債を吸収し，民間銀行や投資家による新規発行債の購入を支援し続けてきた。

　マクロ経済および金融市場の条件，財政投融資の存在，さらに国債管理政策による日銀の動員の結合が，「1990年代以降の赤字財政に対して極めて親和的な環境が創設された」ことの要因である[8]。政府は，予算の均衡回復の必要に正面から向き合うことがない代わりに，政策金融と中央銀行を活用し，巨額の公債発行による財源調達を許容し得る金融市場の条件をうまく創り出した。

4. アベノミクスと財政健全化

4-1 アベノミクスと財政健全化

　アベノミクスの第2の矢は「機動的な財政政策」と銘打たれ，その狙いは積極的な財政政策で需要を喚起し，景気を底上げすることにあった。第2の矢に関しては，景気浮揚効果をもたらした点で一定の評価を与える論調がある一方で，安倍政権の財政健全化への取り組みに関して，消極的であると批判する向きも少なくない[9]。公共投資の支出を増やし，法人税の引下げにより，「一体改革」の当初の意図を希薄化させただけでなく，「稀な増税」である消費税の増税が2014年実施され，税率が5％から8％に上がったが，「財政健全化や社会保障政策の向上ではなく，法人税減税や公共投資の埋め合わせに帰する可能性がある」と批判的に評価されている[10]。

8）　高端・嶋田（2016），138ページ。
9）　『週刊ダイヤモンド』，116ページ。

安倍政権下では，補正予算の編成が目立つ。2013年1月に緊急経済対策の裏付けとなる10兆円超の補正予算を閣議決定したことに始まり，毎年度補正予算の計画を重ね，2016年12月に閣議決定した第3次補正予算で7度目の編成となっていた。第3次補正予算は，2015年4月に発生した熊本地震の復興費のような必要な支出が含まれる。しかし，日本の抱える政府債務を考慮に入れると，単純に財政支出を増やし，景気拡大を目指すだけでなく，財政健全化の道筋も踏まえ，慎重な判断を要するはずだと批判された。

　安倍政権の財政運営に関しては，財政出動に前のめりで，歳出規模の抑制も限定的であることから財政規律の消滅が指摘される。財政出動を下支えしたのが，第1の矢である金融政策である。歳入面に関しては，日本銀行の「異次元緩和」に伴う円安で企業収益改善が進んだ。その結果，税収が拡大した。前節でも述べたが，金融緩和による低金利が続く状態で，政府が国債を発行しやすい環境にある。この環境下では，政府が低金利のうちに借金をした方が得であるという方向に傾く誘因となるだけでなく，日銀が金利上昇を抑制しているため，財政状態が悪化した際に危険信号を発するはずの債券市場の機能が働かないことになる。

　また，安倍政権は，税収の増加分を財政健全化に回すことなく，さらに補正予算の原資とする循環を続けてきたのである。この循環は，2016年度の円高を受け，税収が減少したことで，税収増でパイを拡大し続けるという道筋も曲がり角を迎えた。歳出面では，一般会計の歳出総額は2017年度予算まで過去最高を更新し続けている。補正予算も含め考えるとさらに歳出が膨らむ情勢であり，財政健全化の目標である基礎的財政収支の2020年度の黒字化は達成不可能とみられている。2度の消費税増税延期に象徴されるように，安倍政権は財政再建について痛みの先送りを繰り返してきた。

　2017年6月の「骨太の方針」では，財政再建の進捗度を示す指標として，基礎的財政収支の黒字化に加え，「債務残高の対GDP比率の安定的な引き下

---

10) 髙端・嶋田（2016），129ページ。

げ」が加えられた。低金利環境でこそ引き下げやすい新指標を持ち出したことに対して,「財政規律の後退」であるとの批判が出ている。財政健全化には歳出抑制などの地道な取り組みが肝要で妙薬はない。今後,最大の歳出項目である社会保障分野改革が急務であると指摘される。

4-2　経済成長と財政健全化

2014（平成 26）年度の経済財政白書において,経済成長と財政健全化について次のように述べている[11]。財政を持続可能とするための取り組みとして,経済再生と財政健全化の好循環を実現することの重要性を主張し,デフレ脱却と財政健全化の両立について考察している。

まず,デフレ脱却,経済成長と財政健全化の関係について検討している。図 2-4 によれば,基礎的財政収支要因が債務残高の対 GDP 比の悪化に最も寄与していると説明している。リーマンショック後の 2009 年以降は,2010 年を除き,名目経済成長の低迷が悪化に寄与している。この 2 つの要因が債務残高の増大に寄与したと分析している。2015（平成 27）年度の経済財政白書でも同様

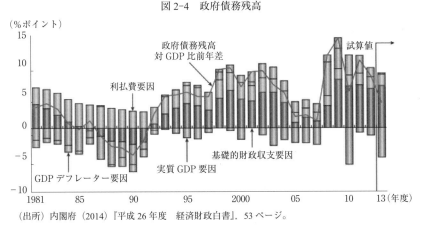

図 2-4　政府債務残高

（出所）内閣府（2014）『平成 26 年度　経済財政白書』,53 ページ。

---

11)　『経済財政白書　平成 26 年度版』,52 ページ。

に分析が行われているが，この分析に対し，土居（2015）では「『債務状況の悪化は基礎的財政収支赤字の拡大が主因』は正鵠を射ている」としているが，「『名目経済成長低迷も影響』とするのは言い過ぎだろう」と述べている[12]。『経済財政白書』の「名目経済成長」要因の定義は，実質 GDP 成長率要因と GDP デフレーター要因を合計したものである。この図 2-4 では，2000 年代以降，リーマンショックの影響など一部を除けば，大半の年度で，実質 GDP 成長率要因は低下要因，GDP デフレーター要因が上昇要因となっており，それらを合計した名目経済成長要因でみると，両者は相殺されて，低下要因になるにせよ上昇要因になるにせよ，かなり小さな値にしかならないと説明している。

次に，平成 26 年度白書では，経済再生と財政健全化の両立へ向け，持続的成長と財政健全化を両立する税制の構築が重要であるとした上で，歳入面の取り組みと法人税に関する論点を整理している[13]。歳入が歳出に見合っていないことが，財政状況が厳しさを引き起こしている。社会保障と税の一体改革と成長志向に重点を置く法人税改革に関して，諸外国との国際比較が分析され，歳入面の課題が検討されている。社会保障の対 GDP 比と租税・社会保障負担率の国際比較から支出に関しては中位であるが，負担については低位に位置している（図 2-5）。日本よりも社会保障が充実している国々は，個人所得税収，消費税収がともに高いことを指摘し（図 2-6），日本の消費課税割合が低いことについて，税率が低水準であること，10％に税率が引き上げられたとしても，OECD 諸国との比較では低水準であることが述べられている。

財政健全化と両立する法人税改革については，次のような分析を行っている。まず，税率と課税ベースに関して，OECD 諸国との国際比較から日本の法人税の特徴を説明している。税率については相対的に法人税率が高いこと，課税ベースについては課税所得の対企業所得比では日本が相対的に低くなっているといった特徴が示されている。税収は税率と課税ベースの大きさによって決

12）　土居（2015）を参照されたい。
13）　『経済財政白書　平成 26 年度版』，61-66 ページ。

図 2-5　OECD 諸国の社会保障支出と租税及び社会保険料負担率（GDP 比）

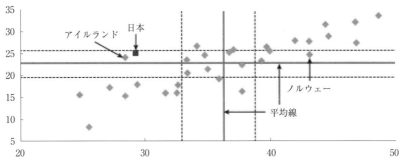

（出所）内閣府（2014）『平成 26 年度　経済財政白書』，53 ページ。

図 2-6　OECD 諸国の租税及び社会保険料負担率（GDP 比）の内訳

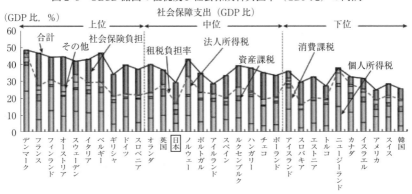

（出所）内閣府（2014）『平成 26 年度　経済財政白書』，53 ページ。

まるが，日本の企業所得を欠損法人の所得，利益法人の繰越欠損金控除前所得，利益法人の繰越欠損金控除額の対 GDP 比から分析している。欠損法人の所得は 90 年代半ばから悪化し，利益法人の繰越欠損金控除額については，2000 年代以降，増加・高止まりしているとし，欠損法人所得の大きさを「供給能力を有する事業体として存続している法人は数多く存在するが，それらが十分な付加価値を生み出していない」とマクロ経済的に評価している（図 2-7）。その要因については，経済がデフレ状況にあったことや 1990 年代後半の金融危機の顕在化やリーマンショックのような内外の経済ショックを挙げて

図 2-7　欠損法人・利益法人の所得と利益法人の繰越欠損金控除額（対 GDP 比）

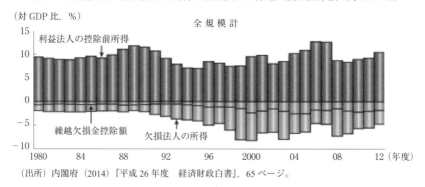

(出所)　内閣府（2014）『平成 26 年度　経済財政白書』，65 ページ。

図 2-8　法人税収変動の要因分解

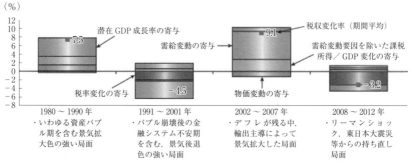

(出所)　内閣府（2014）『平成 26 年度　経済財政白書』，65 ページ。

いる。その一方で，月例報告がデフレと記載しなくなった 2006 年年央以降は赤字率の水準が回復している。マクロ経済的要因として，図 2-8 によれば，景気状況，税率の引下げ，デフレを反映した物価変動が，法人税収を下押ししてきたとしている。

　税率の引下げや課税ベースの拡大に関して，給与所得控除を受けるための節税行動が赤字法人の多さに影響を与えているため，法人税については同族経営の役員に対する給与所得控除のあり方の検討を示唆している。日本の中小規模の法人に欠損法人が多いことの理由として，「法人成り」という節税行動があることが指摘されてきた。家族経営の小規模事業者については，事業形態を個人形態にするか，法人形態にするかの選択に税制が影響を与えている。個人事

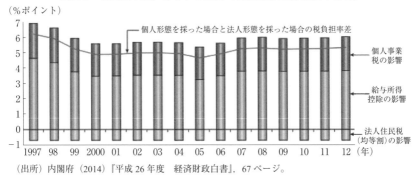

図 2-9　税負担率差に寄与する要因（名目所得 1000 万円の場合）

（出所）内閣府（2014）『平成 26 年度　経済財政白書』，67 ページ。

業形態を選択したときの青色申告特別控除よりも，法人形態にして，法人から給与を受け取るとその所得には給与所得控除が適用され，税負担が軽減できる（図 2-9）。

　歳出面の課題については，歳出の増加圧力が強い医療・介護費の効率化が急務であるとしている。まず，医療費については，調剤医療費，入院医療費の伸びが顕著であることが指摘されている。調剤医療費の増加については，薬剤への需要増加および処方される薬剤の単価上昇によるところが大きいことから，医療保険財政への影響を踏まえれば，費用対効果評価を保険償還価格へ反映させることや費用対効果評価が一定水準を下回る医薬品については保険適用を行わないことが医療費の抑制策として考えられている。また，医療費を抑制するため，入院医療費適正化のために病床数のコントロールと病床の機能分化・連携が重要であり，医療機能毎の病床数を政策的に誘導していく必要があると説明している。政策誘導に当たっては，地域の医療需要を考慮した地域医療計画の策定・体制再編，在宅医療・介護支援を進める地域包括ケアの推進等の医療・介護提供体制の見直しを進める必要があるとしている。

5．おわりに

　本章では，1980 年代，「失われた 20 年」の慢性的な財政赤字と公的債務累積の背景にある要因を探り，そして安倍政権下での日本の財政政策と財政健全

化について批判的に検討を行った。

　増税により税収を増やすことを回避する財政再建の基本路線は，1980年代の「増税なき財政再建」に求められる。消費税の導入が挫折し，法人税の増税から消費税への財源シフトを主張する経済界と政府の妥協的側面があったにしても，国鉄などの民営化による大規模な改革を提言して歳出削減を図り成功を収めた。小泉政権では，公共事業，社会保障，地方への財源移譲といった分野の歳出抑制を図り，財政再建を成功させた。小泉首相は在職期間を通じて高い支持率を保ち，それを背景に官僚および政治家の抵抗を克服したのである。構造改革として行った郵政民営化は，80年代の民営化を彷彿とさせるが，小泉首相は「（首相）在任中は，消費税率は絶対に上げない」と宣言していた。小泉政権の評価については，「一定の財政規律の実現に成功した」とされているが，「増税なき財政再建」の再現であった。

　「失われた20年」の財政政策を注意深く検討する必要がある。バブル経済崩壊による景気後退から景気刺激策として財政政策が行われたが，積極的な意味合いを持たなかったため，緩やかな景気回復が始まるとすぐにこれまでの経済的なトレンドに戻るだろうという誤った推測に基づき，消費税率を上げ，景気後退の深刻さと財政悪化を招いてしまった。景気対策としての財政支出は非効率化し，景気刺激策としての有効性が低下していた。また，1980年代後半からの流れで，経済活性化，経済成長を促進する税制改革として，所得税，法人税の税率をフラット化させる減税が進められた。税率のフラット化は，ビルトインスタビライザー機能が低下したこと，間接税へのシフトにより，経済成長率との相関も小さくなった。

　アベノミクスの財政政策は，公共投資の支出を増やし，法人税の引下げによって景気の浮揚に効果があったとされる[14]。しかし，財政健全化に対する取り組みは消極的であった。谷口（2015）によれば，安倍政権になってからは一

---

[14] アベノミクスの経済政策手段に関しては，表面的には拡張的政策にみえるが，「非伝統的政策手段」とみなされている。詳細については谷口（2015），3ページを参照されたい。

般歳入の税収の伸びは頭打ちである。税収の増加は所得税や法人税によるのではなく，2014年の消費税増税が効いていると分析される[15]。税収増に効果があるが，景気の足を引っ張ることも事実であり，2014年の解散総選挙では，小泉政権時の郵政解散をまね，消費税の8％から10％への引上げの先延ばしを国民に問うた。結果は，自公連立政権の大勝に終わった。財政規律の後退にもはや歯止めがかからない。基礎的財政収支の黒字化という中期的な財政目標も達成不可能で先送りされ，新たに加えられた目標は低金利の環境下で達成しやすい新指標を出したにすぎない。

経済成長による自然増収だけでは，財政健全化を達成できない。また，過去の構造改革からの教訓として，中長期的なコミットメントを可能とする政治的安定とより現実的なスケジュールが求められる[16]。負担に関する国際比較では，まだ負担増の余地がある。2014年の消費税増税は，外的なコミットメントや税と社会保障一体改革の3党合意で達成されたことをみても明らかである。しかし，その後，安倍政権は痛みの先送りを繰り返す。財政が健全化しなくても国民はだれも困らないし，政治家は増税の先送りをする方が，都合がよいからである。

日本の財政は，財政赤字が将来世代に負担増を残す結果となることは，これまで財政の持続可能性検証するシミュレートから明らかである。将来世代へ痛みを先送りするのではなく，政府は国民に対して痛みを伴う構造改革の実行スケジュールを示し，短期間で集中した改革を行わなければならない。財政制度や予算編成，公会計制度の改革を短期間に集中して行うべきである。

参 考 文 献

井堀利宏（2005）「歳出削減・増税の組合せと実施のタイミング」貝塚啓明・財務省財務総合政策研究所編著『財政赤字と日本経済―財政健全化への理論と政策―』。

井手英策（2012）『財政赤字の淵源―寛容な社会の条件を考える―』有斐閣。

---

15) 谷口（2015），7ページ。
16) 井堀（2005）を参照されたい。

尾崎護（2002）『財政政策への視点』大蔵財務協会。
小幡績（2016）「マイナス金利政策は経済成長を押し下げる」『週刊金融財政事情』一般財団法人金融財政事情研究会。
金子勝・池上岳彦・アンドリュー・デウィット編著（2008）『財政赤字の力学』税務経理協会。
祝迫得夫（2014）「失われた20年の日本の財政政策と税制」『経済研究』Vol. 65, No. 3。
高端正幸・嶋田崇治（2016）「日本における財政パフォーマンス―なぜ異常な債務を背負うことになったのか―」井手英策・ジーン・パーク編『財政赤字の国際比較』岩波書店。
谷口洋志（2015）「アベノミクスの経済政策」『中央大学経済研究所リサーチ・ペーパー』。
土居丈朗（2015）「経済成長は財政健全化にどれだけ貢献したか」『東洋経済ONLINE』（https://toyokeizai.net/articles/-/82033?page=3）2018年4月27日アクセス。
内閣府（2014）『経済財政白書 平成26年度版』。
内閣府（2015）『経済財政白書 平成27年度版』。
橋本恭之・木村真（2013）「近年の日本の財政運営と財政健全化の可能性」『経済論集』第63巻第2号。
「支持率低迷で正念場 徹底検証アベノミクス」『週刊ダイヤモンド』2017年8月26日号。

第 3 章

財政再建と経済成長の政治的要素

横 山 彰

1. はじめに

　本章の目的は，財政再建と経済成長を巡る財政運営における政治的要素を考察し，財政再建と経済成長の政策選択には，無知のヴェールや不確実性のヴェールの下でなされる立憲的選択のように，危険回避的な政策選択が必要になる点を主張することである。

　現下の日本の財政赤字累増は 1990 年代以降の財政運営の帰結であり[1]，その「財政運営は，財政再建と景気対策という二つの政策目標間で大きく揺れ動いた。結果として，景気対策としての積極的な財政政策が採用され続けながら，その景気刺激効果はあまり十分とはいえず，財政赤字の拡大という問題点だけが突出してしまった」(井堀 2000, 68 ページ)といった指摘がなされている。

　景気対策としての財政政策はフィスカル・ポリシーで，Buchanan and Wagner（1977）が指摘したように，フィスカル・ポリシーは赤字財政バイアスをもたらす。ケインズ経済学に基づくフィスカル・ポリシー論では，不況期における財政赤字による失業対策だけでなく好況期におけるインフレ対策も裁量的になされると想定されていた。「そこでは，マクロ経済政策が有権者の意向

---

1) 実際の財政赤字に関するデータは，馬場・横山・堀場・牛丸（2017），横山（2018），財務省（2018）を参照されたい。

とは関係なく少人数の啓発的賢人グループによって自在に実施されうると暗黙に想定されていたのである。しかし，現実の代議制民主主義のもとでは，失業対策としての拡張的なフィスカル・ポリシーはその手段が減税・政府支出増大なので有権者に受け入れられる一方，インフレ対策としての緊縮的なフィスカル・ポリシーはその手段が増税・政府支出削減なので有権者に受け入れられにくいことから，再選可能性の最大化をめざす政権与党は，増税・政府支出削減のフィスカル・ポリシーを避け，もっぱら減税・政府支出増大のフィスカル・ポリシーに偏った政策運営をすることで財政赤字を常態化させる。これが，フィスカル・ポリシーの赤字財政バイアスである」（馬場・横山・堀場・牛丸 2017, 15 ページ）。

　この赤字財政バイアスが，景気対策の政治的要素である。本章で考察する財政再建と経済成長を巡る財政運営における政治的要素は，増税・政府支出削減を嫌う有権者の投票行動と再選可能性の最大化を目指す政権与党のマクロ経済政策運営に現れる政治的要素だけではなく，財政再建と経済成長の2つの経済政策目標に関する政策決定過程における利害関係者の行動に現れる政治的要素を含んでいる。そうした利害関係者には，有権者・政権与党だけでなく，参政権を持たない者（非有権者）・野党・議員・官僚・企業・産業団体・労働組合・職業集団・メディア・ジャーナリスト・政策研究者などが含まれている。これらの利害関係者は，完全な情報を持ち長期的視野に立って行動していているわけではない。つまり，彼らは合理的無知の下で目先の利益を優先する近視眼的選択行動を行っている。

　この点については，第2節で考察する。そして，第3節で財政再建の政治的要素，第4節で経済成長の政治的要素について論述する。第5節では，そうした財政再建と経済成長の政治的要素を踏まえた政策選択のあり方を示す。

2. 合理的無知と近視眼的行動

　本節は，政策決定過程における利害関係者の合理的無知と近視眼的行動について考察を加え，第3節と第4節の政治的要素を明らかにする基礎固めを行う。

2-1　合理的無知

「情報獲得に費用がかかる現実世界では，政府政策についての追加的情報を獲得することの便益と費用を較量して費用のほうが大きい場合には，有権者はあえて情報を獲得せず不完全な情報に甘んじることが合理的となる。これが合理的無知 (rational ignorance) である」（横山 1995, 45 ページ）。この言葉は，Downs (1960) で用いられているが，Downs (1957, p. 79; 邦訳, 81 ページ) 自身は「ignorance」を「lack of contextual knowledge」として明記し「lack of information」と区別していたので，合理的情報欠如（rational lack of information）といった方が適切かもしれない（横山 1995, 59 ページ）。

全知全能の人間存在を仮定しない限り，すべての個人が何らかの政策や事柄については合理的無知の状況にある。したがって，財政再建と経済成長の2つの経済政策目標に関する政策決定過程における利害関係者は，専門家としての政策研究者などを除けば，多くが財政再建と経済成長について合理的無知の状況に置かれている。その状況に置かれているのは有権者だけではなく，政権与党・非有権者・野党・議員・官僚・企業・産業団体・労働組合・職業集団・メディア・ジャーナリストも多くは合理的無知の状況にある。

政策に関する合理的無知を体系的に考察するために，簡単なモデルを考えよう。政策を取り巻く外部環境を「政策環境」といい，政策環境 Z の下で政策手段 X を実施したならば実現されると期待される帰結（社会状態）は，政策理論で与えられると想定する。

> 期待帰結 $F(X, Z) =$ 政策環境 Z の下で政策手段 X によって実現されると期待される帰結（社会状態）
>
> 関数 $F(\cdot) =$ 政策理論

ただし，その期待帰結 $F(X, Z)$ は，当該政策目標に関する帰結（社会状態）だけではなく，他の政策目標への波及効果もしくは外部効果も含んだ帰結（社会状態）を意味している。そして，個人が政策手段 X の期待帰結と過去の現実帰結に基づき政策手段 X を評価する帰結主義者であるとすれば，その評価関数

は個人の利得関数ないし社会的厚生関数 $W(\cdot)$ で,次のように示せる。

　　　帰結主義者の評価関数 $W\{F(X,Z), R(X_{-1}, Z_{-1})\}$＝政策手段 X の帰結に
　　　　　　　　　　　　　　　　　　　　　　　　　　　　　　　基づく評価
　　　過去の現実帰結 $R(X_{-1}, Z_{-1})$＝過去に政策手段 X を執行した結果として
　　　　　　　　　　　　　　　出現している現実帰結（社会状態）

　他方,個人が政策手段 X について,その期待できる帰結ではなく政策手段 X そのものや,その政策手段 X の選び方や導出手続きに基づき評価する非帰結主義者であれば,その評価関数は,次のように示せる。

　　　非帰結主義者の評価関数 $W\{X, H^{-1}(X)\}$＝政策手段 X そのものやその
　　　　　　　　　　　　　　　　　　　　　　　　導出手続きに基づく評価
　　　$H^{-1}(X)$＝政策手段 X の選び方や導出手続き

さらに,個人が帰結主義と非帰結主義の両面から政策手段 X を評価する総合主義者であれば,その評価関数は,

　　　総合主義者の評価関数 $W\{X, H^{-1}(X), F(X,Z), R(X_{-1}, Z_{-1})\}$
　　　　　＝政策手段 X そのものやその導出手続き及び帰結に基づく評価

となる。

　こうした記号法で合理的無知を考えると,政策環境 Z の情報欠如,政策手段 X の情報欠如,政策理論 $F(\cdot)$ の情報欠如,期待帰結 $F(X,Z)$ の情報欠如,過去の現実帰結 $R(X_{-1}, Z_{-1})$ の情報欠如,政策手段 X の選び方や導出手続き $H^{-1}(X)$ の情報欠如,評価関数 $W(\cdot)$ の情報欠如による合理的無知が考えられる。こうした合理的無知の存在を前提にして,個人が政策評価を行って政策選択を行う場合には,政策決定過程で自らの私的利益を増大させるために意図的に情報欠如を利用する主体も現れる。

　いま,n 人社会における外部環境 Z_i の認識は個人 $i(i=1, 2, ..., n)$ によって差があり,評価関数ないし利得関数や社会的厚生関数 $W_i(\cdot)$ も個人 i によっ

て異なり，政策理論 $F_g(\cdot)$ も一般の個人ではなく専門知識を獲得した個人すなわち専門家 $g(g=1, 2, ..., h)$ によって提示され相互に異なるならば，個人 i の政策評価は，個人が非帰結主義者でない場合には，個人が選択する政策理論 $F_{i[g]}(\cdot)$ に基づく期待帰結 $F_{i[g]}(X, Z_i)$ に左右された

$$W_i\{F_{i[g]}(X, Z_i), R(X_{-1}, Z_{-1i})\}$$ もしくは
$$W_i\{X, H^{-1}(X), F_{i[g]}(X, Z_i), R(X_{-1}, Z_{-1i})\}$$

に基づいてなされる。このとき重要になるのは，政策理論について合理的無知な普通の人々の政策選択行動である。普通の人々が，どの専門家の政策理論を選択するか，いい換えれば，どの専門家の期待帰結に関する言説を信じて政策評価を行い政策決定過程で政策選択をするかが重要になる。

2-2　近視眼的行動

　目先の利益を優先する近視眼的行動は，長期的な時間軸での行動選択を行うとき，連続的な時間経過の観点に立って生涯利得（効用）の最大化を図るのではなく，各時点の一時の利得（効用）の最大化を図る行動として理解されている。しかし，割引現在価値での生涯利得（効用）の最大化を図る個人を想定したとしても，人々の時間選好は個人間で異なり，将来利得（効用）を現在利得（効用）に比べてどのように評価するかは個人の割引関数に左右される。割引率が時間とともに一定である一般的な指数割引関数を想定しても，割引率の高い人ほど他の事情にして等しければ近視眼的行動をとる。また，近年着目されている双曲割引関数を想定すると，現在と将来との異時点間の時間差で割引率が異なり，直前の将来に関する異時点間の選択の方が，遠い将来に関する異時点間の選択よりも，割引率が高く近視眼的になる[2]。指数割引関数を想定するにせよ双曲割引関数を想定するにせよ，政府政策の選択時に割引率の高い個人ほど近視眼的行動をとる。

---

2) Strotz（1955-1956），Laibson（1997），中島（2017）を参照されたい。

先に述べた期待帰結 $F(X, Z)$ は,その政策効果がすぐに発現する場合もあれば発現するまでに長く時間がかかる場合もある。また,期待帰結 $F(X, Z)$ が,長期間にわたり存続する場合もあれば,短期間で消滅する場合もあれば,長期と短期の両方の場合もある。例えば,公共投資増大というフィスカル・ポリシーの期待帰結 $F(X, Z)$ は,乗数効果といった短期のフロー効果で景気回復が期待できるとともに,社会インフラ整備といった長期のストック効果で生産性の向上が期待できるといった長期と短期の両面がある。

近視眼的選択を行う主体からみると,複数の政策手段 X_j ($j=1, 2 …, k$) について政策選択や制度選択するときには,期待帰結 $F(X_j, Z)$ の時間流列の全体を評価対象にするよりも,せいぜい1〜2年先といった目先の期待帰結 $F(X_j, Z)$ のみを評価対象にすることになる。

他の事情にして等しい限り,業務担当期間や任期が短いほど,定住期間が短いほど,余命が短いほど,将来世代との関係が希薄なほど,人々は近視眼的行動をとると考えられる。こうした近視眼的行動が,合理的無知とともに,財政再建と経済成長の2つの経済政策目標に関する政策決定過程における利害関係者の行動に政治的要素としていかに影響を及ぼすか,次節以降でみてみよう。

3. 財政再建の政治的要素

本節では,財政再建という経済政策目標に関する政策について,その政策環境 Z,政策手段 X,政策理論 $F_g(\cdot)$ を考察する。

3-1 政策環境と政策手段

日本の財政再建を取り巻く外部環境としては,少子高齢化・人口減少という社会経済環境(財務省 2018, 15, 19ページ)と,「2017年入り後も緩やかな回復が続いている」世界の経済動向(内閣府 2017, 68ページ)があり,これらが政策環境 Z になる。財政再建の政策手段 X について,「アタリ([2011]175頁)は,過剰な公的債務に対する解決策には,増税,歳出削減,経済成長,低金利,インフレ,戦争,外資導入,デフォルト(債務不履行)の8つがあり,常に採用

されている戦略はインフレであると指摘している」(馬場・横山・堀場・牛丸 2017, 30 ページ)。1990 年以降における日本の財政再建の政策手段としては，増税・歳出削減・経済成長・低金利・インフレが採用されてきている。その過去の現実帰結 $R(X_{-1}, Z_{-1})$ は，いずれの政策手段でも財政再建が達成されていない。何をもって財政再建が達成されたかとするかは，財政再建の数値目標すなわち現実帰結 $R(X_{-1}, Z_{-1})$ を測定する尺度次第であるが，フロー面での基礎的財政収支の黒字化やストック面での国・地方の債務残高の対 GDP 比がとられている（馬場・横山・堀場・牛丸 2017, 32-39 ページ）。

財政再建の政治的要素を考える上で重要になるのは，こうした過去の現実帰結 $R(X_{-1}, Z_{-1})$ に加えて，財政再建に関する政策理論 $F_g(\cdot)$ とその期待帰結 $F_{i[g]}(X, Z_i)$，そして非帰結主義に立脚する政策手段 X そのものの政策評価 $W\{X, H^{-1}(X)\}$ である。

すでに述べたように，財政再建の政策手段としての増税・歳出削減は，非帰結主義に立脚する政策手段 X そのものの政策評価 $W\{X, H^{-1}(X)\}$ からすれば，有権者（納税者）や建設業者や政権与党ばかりでなく野党にも望ましくない政策手段である。こうした政策評価が政策決定過程において多数意見となり，増税・歳出削減の政策手段は実現されにくい。さらに，超高齢社会の日本においては，高齢者ほど近視眼的行動をとりやすい点からして，社会全体として増税・歳出削減の政策手段は，なお一層採用されにくくなる。

3-2 政策理論

加えて，財政再建と景気対策との政策選択に大きな影響を及ぼしているのが，財政赤字の弊害を政治の失敗として指摘してきた公共選択学派（Buchanan and Wagner 1977; Brennan and Buchanan 1980; Buchanan, Rowley and Tollison 1987）の政策理論 $F_p(\cdot)$ と，金融緩和による景気対策を主張するリフレ派（Bernanke 1999, 2000; 岩田 2004; 岩田・浜田・原田 2013）の政策理論[3] $F_R(\cdot)$ の選択問題である。

---

3) リフレ派の政策理論にはケインジアンの *IS-LM* 分析に基づく政策理論も含まれる。後者については，浅田（2007）を参照されたい。

政策理論について合理的無知な一般の有権者は，科学的根拠に基づいて政策理論を選択するのではなく，学界やメディアや言論界において主流となっている政策理論や自分の信頼している他者が支持する政策理論を選択し，その政策理論に基づく期待帰結によって政策選択を行うことになる。こうした合理的無知な一般の有権者の政策選択行動を前提にすれば，支持率最大化や再選確率最大化を目指す議員や政権与党は，自分自身が支持する政策理論に基づく期待帰結ではなく，中位投票者が選択した政策理論に基づく期待帰結に対して政策評価を行う。これは，Tullock (1984) の公共利益に関する指摘[4]の応用でもある。と同時に，支持率最大化や再選確率最大化を目指す議員や政権与党は，中位投票者を中位所得者と見立て，中位所得者 m にとっての期待帰結 $F_{m[P]}(X, Z_i)$ と $F_{m[R]}(X, Z_i)$ と政策手段に対する総合主義的な評価

$$W_m\{X, H^{-1}(X), F_{m[P]}(X, Z_m), R(X_{-1}, Z_{-1m})\},$$
$$W_m\{X, H^{-1}(X), F_{m[R]}(X, Z_m), R(X_{-1}, Z_{-1m})\}$$

を予測して，その大小関係に基づき，自分の支持率や再選確率が高くなると期待できるような，財政再建の政策理論と政策手段を選択する。

また，各政策理論を強力に支持する研究者は，合理的無知ではなく必要な情報を入手した上で，学界・言論界・メディア世論で自説が正しいことを科学的根拠に基づき主張し合い，財政再建の政策決定過程において自らの業績や発言力や学界における地位を高めるなどの私的利益を追求する。学界においては，反証可能性のテストで研究者相互に政策理論の「正しさ」の度合いをチェックし合うことで政治的ノイズを減少させることを職業倫理として確立できている

---

[4]　「候補者はあたかも公共の利益ではなく選挙運動中も在職中にも自己利益を最大化するのであって，そのために自らの期待票を最大化すべく政策を選択するという仮定を所与のものとして考えて見よう。もし，投票者が自分たちの公共利益の概念に最も近くなる候補者に投票したとしたら，候補者は必ずしも自分自身の概念ではないとしても，公共の利益についての特定の概念に一致する政策を採用するだろう。公共の利益という政治の概念が，利己的ではあるが，倫理的に条件付けられた投票者行動によって灰の中から引き上げられる (Tullock, 1984)」(Mueller 1989; 邦訳 357ページ)。

かどうかも，反証可能性のテストに関する科学的仮説の情報欠如により左右される。学界の研究者の多くも，反証可能性のテストに関する科学的仮説については合理的無知の状況に置かれている。そうした合理的無知の研究者を含め，一般の有権者，財政再建にかかわる官庁・官僚，内閣，政権与党・野党，議員は，ノーベル経済学賞受賞者などの権威ある研究者の言説を頼りにする。とりわけ，自分の支持率や再選確率が高くなると期待できるような，財政再建の政策理論と政策手段を正当化したい内閣や政権与党は，その政策理論と政策手段を主張する研究者を，政策ブレーンとしたり学識経験者として審議会に取り込んだり，政府機関・政府関係機関の重要ポストに任用したり，ノーベル経済学賞受賞者などの権威ある研究者の言説を利用したりする。野党についても，自分たちに都合のよい政策理論と政策手段を主張する研究者を政策ブレーンとして，そうした政策理論と政策手段を政策決定過程で主張する。こうした政策決定過程を経て，国会の承認を得た財政再建策は，多くの政治的要素が盛り込まれたものと考えられるのである。

4. 経済成長の政治的要素

経済成長の政治的要素について考察する前に，経済成長の意味を検討しておこう。日本とアメリカにおける標準的な経済学のテキストで，経済成長についての記述をみると，次のように記述されている。日本においては，「マクロ経済学では，10年を超えるタイムスパンで実質GDPが増大する現象を経済成長（economic growth）と呼んでいる」（齊藤・岩本・太田・柴田 2010, 98 ページ）。他方，アメリカでは，"Economic growth is commonly measured as the annual rate of increase in a country's gross domestic product （GDP）."（Aghion and Howitt 2009, p. 1）と書かれている。

通常は，アメリカのテキストの記述のように，長期ではなく短期の意味で，一国の国内総生産（GDP）の対前年増加率によって経済成長が測定される。そのときのGDPは，名目GDPか実質GDPか潜在GDPか，さらには総額としてのGDPか人口1人当たりGDPか労働力単位当たりGDP（すなわち労働生産性）

かを明確にしておく必要がある。

4-1 政策理論

経済成長に関する政策理論すなわち経済成長理論については，Aghion and Howitt（2009）などによれば，新古典派の経済成長モデルと内生的経済成長モデルに大別できる。2つの経済成長モデルを簡単に示せば，以下の通りである[5]。

（1）新古典派の経済成長モデル

いま，$Y=$ 産出量（実質GDP），$K=$ 資本，$L=$ 労働力として，生産関数 $Y=F(K, L)=AK^{\alpha}L^{1-\alpha}$ を想定すると，経済成長率 $\dot{Y}/Y$ は，以下のように示せる。

$$\dot{Y}/Y=\dot{A}/A+\alpha\dot{K}/K+(1-\alpha)\dot{L}/L$$

ここで，$\dot{Y}\equiv dY(t)/dt$，$\dot{A}\equiv dA(t)/dt$，$\dot{K}\equiv dK(t)/dt$，$\dot{L}\equiv dL(t)/dt$ で，各々の変数の時間的変化を示している。労働力1人当たりGDPの成長率（労働生産性 $Y/L\equiv y$ の成長率）は，次式になる。

$$\dot{Y}/Y-\dot{L}/L=\dot{A}/A+\alpha(\dot{K}/K-\dot{L}/L)$$

右辺の第2項は労働力1人当たりの資本（資本装備率 $K/L\equiv k$）の成長率すなわち「資本の深化」を示している。労働生産性の成長率は，$\dot{A}/A$ で示される技術進歩率（全要素生産性の上昇）と資本の深化で説明される。長期的な定常状態においては，資本装備率 k は k^* で均衡し $\dot{k}/k=(\dot{K}/K-\dot{L}/L)=0$ となり，労働生産性の成長率は外生的に決まる技術進歩率（全要素生産性の上昇）で与えられる。資本の時間的変化 $\dot{K}\equiv dK(t)/dt$ は，投資＝貯蓄 sY から資本減耗 δK を差し引いたものになる。ここで，$s=$ 貯蓄率，$\delta=$ 資本減耗率である。これが資本蓄積方程式で，$\dot{K}=sY-\delta K$ となる。したがって，$\dot{K}/K=sY/K-\delta$ なので，

---

5) 以下のモデルは，Aghion and Howitt（2009），齊藤・岩本・太田・柴田（2010）など標準的なテキストを参照している。

$\dot{k}/k = \dot{K}/K - \dot{L}/L$ の関係から,労働力成長率 $\dot{L}/L$ を n とすると,$\dot{k}/k = sY/K - \delta - \dot{L}/L = sy/k - \delta - n$ となる。この式より,$\dot{k} = sy - (\delta + n)k$ となり,定常状態 $\dot{k} = 0$ では,$sy = (\delta + n)k$ が成り立ち,$k^* = sy/(\delta + n)$ になる。

潜在 GDP は,このモデルに基づいて次のように推計されている。生産関数 $Y = F(K, L) = AK^\alpha L^{1-\alpha}$ に基づき,$lnY = lnA + \alpha lnK + (1-\alpha)lnL$ の形に対数変換して現実のデータから α を推計した上で,$lnY^* = lnA + \alpha lnK^* + (1-\alpha)lnL^*$ の式に潜在投入量である K^*,L^* の値を入れて潜在 GDP を推計する。このとき,潜在投入量としては,(ⅰ)最大概念の潜在投入量＝生産要素の最大可能投入量,(ⅱ)平均概念の潜在投入量＝生産要素の最大可能投入量×平均稼働率の2通りの考え方がある。

(2) 内生的経済成長モデル

(ⅰ) AK モデル

次のような生産関数を想定する。

$Y = AK$,$A =$ 定数（資本の生産性）

資本蓄積方程式は,先と同様に,$\dot{K} = sY - \delta K$ なので,$\dot{K}/K = sY/K - \delta$ である。仮定した生産関数より,$Y/K = A$ であるから,

$\dot{K}/K = sA - \delta$

また,仮定した生産関数から $\dot{K}/K = \dot{Y}/Y$ なので,

$\dot{Y}/Y = sA - \delta$

さらに,$Y/L \equiv y$ の成長率は,$\dot{y}/y = \dot{Y}/Y - \dot{L}/L = sA - (\delta + n)$ となる。したがって,このような生産関数のときには,y の成長率も Y の成長率も,貯蓄率 s の増大とともに高くなる。

(ⅱ) ローマー・モデル

次の生産関数を想定する。

$$Y = K^\alpha (AL_Y)^{1-\alpha}$$
$$\dot{A} = \beta A^\phi L_A^\lambda$$
$$L_Y + L_A = L \text{ あるいは } L_A = \theta_A L, \ L_Y = (1-\theta_A)L$$

労働力 L は，産出物の生産に充てられる L_Y と新アイデアの創出に充てられる L_A とに分けられる。θ_A は，新アイデアの創出に充てられる研究開発要員の労働力におけるシェアである。

(3) ルーカス・モデル

次の生産関数を想定する。

$$Y = K^\alpha (hL)^{1-\alpha}$$
$$\dot{h} = (1-\mu)h$$

ここで，h は労働力 1 人当たりの人的資本，μ が仕事に充てられる時間で，$(1-\mu)$ が技能蓄積に充てられる時間である。

(4) バロー・モデル

次の生産関数を想定する。

$$Y = AK^\alpha G^{1-\alpha}$$
$$G = tY$$
$$\partial Y/\partial K = \alpha A (K/G)^{\alpha-1} = \alpha A (1/tA)^{-\alpha(\alpha-1)}$$

ここで，G は公共財，t は所得税率である。

(5) シュンペーター型・モデル

次の生産関数を想定する。

$$Y_t = (A_t L)^{1-\alpha} x_t^\alpha$$

$A_t L$ は t 期の有効労働供給，x_t は t 期の中間生産物で，イノベーションが成功したときに $A_t = \gamma A_{t-1}$，失敗したときに $A_t = A_{t-1}$ と考えている。

こうした経済成長に関する政策理論について合理的無知にある一般の有権者

などの利害関係者が，政策決定過程でどのような選択行動をとるかは，前節で論述した通りである。

4-2　政 策 手 段

そして，選択対象になる経済成長の政策手段としては，以下のようなものが考えられる。

①　規制緩和などの競争促進政策：規制改革／経済特区
②　物的資本への投資促進政策：情報通信インフラ／社会インフラ／税制措置
③　人的資本への投資促進政策：高等教育／グローバル人材／税制措置
④　技術進歩の促進政策：研究開発／知的財産／税制措置
⑤　貿易自由化政策：TPP（Trans-Pacific Partnership：環太平洋パートナーシップ）
⑥　拡張的ケインズ政策：減税／政府支出増／金融緩和

最後の拡張的ケインズ政策は，経済構造や生産関数に変更を加えるような長期的な視点に立った政策手段ではないが，目先の景気を刺激しGDPを増大させるために有効と考えられる政策手段である。この近視眼的行動からすると，景気刺激策と経済成長策は政策手段として同じものになる。経済構造や生産関数を所与にした景気刺激策ではイノベーションを期待することが難しくなるが，政権与党は，選挙前に支持率増大や政権維持を目指すための選挙対策として景気回復や景気促進を優先する拡張的なマクロ経済政策運営を行うことで，目先の経済成長を目指す可能性が高い。

そして，第二次世界大戦後の日本のシャウプ税制（Shoup Mission 1949）は，時間の流れの中で，利益集団のレント・シーキング活動による租税特別措置の増設により，その包括的所得税体系という理念が崩れていった。その「租税特別措置の役割は，主にとして経済成長促進におかれ，そのために，資本蓄積と投資促進に対する特別減免税が租税政策上の重要な課題とされたのである。いいかえれば，租税特別措置の戦後的意義は，資本蓄積と投資促進によって経済成長を一層高めるところにあった」（和田 1992, 7 ページ）。「経済成長促進のよ

うに，その利益が特定の産業や個人だけではなく他の多くの人々に及ぶ特定の目標は，多くの人々の賛成で議会の承認を得ることになるが，経済成長促進政策の帰結としての所得上昇といった利益は即時に実現せず不確実であったとしても期待できかつ広く薄いのに対し，経済成長促進政策の手段（投資税額控除や特別償却等）そのものから得られる利益は即時に確実に実現できかつ狭く厚い，といった利益の濃淡と確実性の違いや時間的差異がある。こうした利益特性をもつ特定の目標は，特定の産業・活動に係る人々や特定の属性の人々に狭く厚くかつ確実な即時的利益をもたらすばかりでなく，特定の目標が達成されたならば将来において不確実だとしても国民一般にあまねく利益をもたらすと期待できるような特徴をもっているがゆえに社会的に受容されやすく，その特定の目標ために特定の産業・活動・人々に対して優遇を与える租税特別措置は，政治的支持が得やすくなる」（横山 2017, 7 ページ）。

経済成長に関する政策手段の過去の現実帰結は，財政再建の場合と同様に，いずれの政策手段でも経済成長が達成されているとはいい難い。そして，経済成長を推進しようとする政権与党は，様々な経済成長モデル（政策理論）に基づく各政策手段の期待帰結の中で，最も高い経済成長を達成できるとされる経済成長モデル（政策理論）と政策手段を選択することになる。この選択行動は，危険回避型・危険中立型ではなく危険愛好型のものになる。

以上のような諸点にみられる政治的要素が，財政再建を無視して経済成長を促進する財政運営をもたらしているといえるのである。

5．おわりに

本章では，財政再建と経済成長の政策決定過程に関係する利害関係者が，合理的無知の状況で目先の自己利益を追求し近視眼的行動をとることから，財政再建と経済成長に様々な政治的要素が含まれる点を明らかにしてきた。財政再建と経済成長の政策選択は，主として政策理論が不確定であるがゆえに，無知のヴェールや不確実性のヴェールに包まれた状況での立憲的な政策選択に近くなる。Rawls（1971）の「無知のヴェール」は，何人も立憲段階（基本ルールの

設定段階）や立憲後段階（基本ルールの設定後段階）において自分が置かれるポジションないし境遇については全くわからず無知である一方，自分自身の選択に及ぼす一般的事実についてはすべて知っているという仮定である。「しかしながら，立憲的背景の適切さのためにこのような厳格な必要条件を課す必要はない。いくぶんもっともらしく，個人は自分の将来の位置についてすこぶる不確かである，とだけわれわれは仮定しよう」(Brennan and Buchanan 1980; 邦訳, 267 ページ) として，「不確実性のヴェール」の下での立憲的選択が議論されてきた。

ある政策理論 $g(g=1, 2, ..., h)$ の下で，ある政策手段 $j(j=1, 2, ..., k)$ を実施したならば得られる期待帰結 $F_g(X_j, Z)$ によって個々人が得られる最小利得を比較して，その最小利得が最大になる政策理論と政策手段を選択することが，マクシミン原理に基づく政策選択になる。この立憲的な政策選択を指針にして財政再建と経済成長の現実の政策を検討することが必要になる。

ただし本章では，財政再建と経済成長の各政策手段が相互に外部効果を与え合っている点に関する政策理論に対する考察が十分になされているとはいい難く，この点は今後の研究課題としたい。

参 考 文 献

浅田統一郎（2007）「デフレ不況と経済政策：実践的マクロ経済学としてのケインズ経済学の立場から」野口旭編『経済政策形成の研究：既得観念と経済学の相克』ナカニシヤ出版，249-287 ページ。

アタリ，ジャック（2011）『国家債務危機：ソブリン・クライシスに，いかに対処すべきか？』（林昌宏訳）作品社。

井堀利宏（2000）『財政赤字の正しい考え方：政府の借金はなぜ問題なのか』東洋経済新報社。

岩田規久男編（2004）『昭和恐慌の研究』東洋経済新報社。

岩田規久男・浜田宏一・原田泰編著（2013）『リフレが日本経済を復活させる：経済を動かす貨幣の力』中央経済社。

齊藤誠・岩本康志・太田聰一・柴田章久（2010）『マクロ経済学』有斐閣。

財務省（2018）「日本の財政関係資料」（平成 30 年 3 月）(http://www.mof.go.jp/budget/fiscal_condition/related_data/201803_00.pdf) 2018 年 4 月 30 日最終アクセス。

内閣府（2017）「世界経済の潮流　2017 年 I ―グローバル化と経済成長・雇用―」(http://www5.cao.go.jp/j-j/sekai_chouryuu/sh17-01/index-pdf.html) 2018 年 4 月 30 日最終アクセス。

馬場義久・横山彰・堀場勇夫・牛丸聡（2017）『日本の財政を考える』有斐閣。
中島巖（2017）「慣習的消費と準双曲的割引」（『専修経済学論集』51(3)）129-151 ページ。
横山彰（1995）『財政の公共選択分析』東洋経済新報社。
横山彰（2017）「租税支出の政治的要素と政策的含意」（『会計監査研究』55 号）5-12 ページ。
横山彰（2018）「社会保障基金と財政の持続可能性」（『経済学論纂（中央大学）』58 巻 3・4 号）219-241 ページ。
和田八束（1992）『租税特別措置：歴史と構造』有斐閣。
Aghion, P. and P. Howitt (2009), *The Economics of Growth*, Cambridge, Mass.: MIT Press.
Bernanke, B. S. (1999), *Inflation Targeting: Lessons from the International Experience*, Princeton: Princeton University Press.
Bernanke, B. S. (2000), *Essays on the Great Depression*, Princeton: Princeton University Press.
Brennan, G. and J.M. Buchanan (1980), *The Power to Tax: Analytical Foundations of a Fiscal Constitution, Cambridge*: Cambridge University Press（深沢実・菊池威・平澤典男訳（1984）『公共選択の租税理論：課税権の制限』文眞堂）。
Buchanan, J. M., C. K. Rowley and R. D. Tollison eds. (1987), *Deficit, New York: Blackwell*（加藤寛監訳（1990）『財政赤字の公共選択論』文眞堂）。
Buchanan, J. M. and R. E. Wagner (1977), *Democracy in Deficit: The Political Legacy of Lord Keynes*, New York: Academic Press（深沢実・菊池威訳（1979）『赤字財政の政治経済学：ケインズの政治的遺産』文眞堂）。
Downs, A. (1957), *An Economic Theory of Democracy*, New York: Harper & Row（古田精司監訳（1980）『民主主義の経済理論』成文堂）。
Downs, A. (1960), "Why the Government Budget is Too Small in a Democracy," *Word Politics*, 12(4), pp. 541-563.
Laibson, D. (1997), "Golden Eggs and Hyperbolic Discounting," *Quarterly Journal of Economics*, 112(2), pp. 443-477.
Mueller, D. C. (1989), *Public Choice II*, Cambridge: Cambridge University Press（加藤寛監訳（1993）『公共選択論』有斐閣）。
Rawls, J. (1971), *A Theory of Justice*, Cambridge, Mass.: Harvard University Press（矢島鈞次監訳（1979）『正義論』紀伊國屋書店）。
Shoup Mission (1949), *Report on Japanese Taxation*, General Headquarters, Supreme Commander for the Allied Powers（神戸都市問題研究所地方行財政制度資料刊行会編（1983）『戦後地方行財政資料別巻一　シャウプ使節団日本税制報告書』勁草書房）。
Strotz, R. H. (1955-1956), "Myopia and Inconsistency in Dynamic Utility Maximization," *Review of Economic Studies*, 23(3), pp. 165-180.
Tullock, G. (1984), "A (Partial) Rehabilitation of the Public Interest Theory," *Public Choice*, 42(1), pp. 89-99.

第 2 部

地方財政と経済成長・財政再建

第 4 章

中小企業高度化資金の実態と不納欠損

柏　木　恵

1. はじめに

　本章では，中小企業高度化資金（以下，高度化資金と略す）の貸付・延滞の実態と不納欠損のプロセスについて検討する。このテーマについて，研究を試みることにしたのは，15年以上前から自治体債権の滞納や延滞について研究する中で，高度化資金の延滞が問題となっているとたびたび耳にするようになり，長年塩漬けにして管理コストをかけ続けるよりも，早期に償却して，自治体職員を解放し，別の事業に専念する方が自治体にとって得策なのではないかと考えるからである。また，以前は必要であったと思うが，低金利である現在では自治体が金融機関の役目を果たす必要はないのではないかと考えているからである。そして，たびたび，自治体から，高度化資金の延滞をなんとか減らしたいという相談を受けたことも研究を行うと決めた要因である。

　高度化資金は，大企業と比べて何かとハンデがある中小企業を支える支援策の1つとして活用されてきた。1社や1店舗では設備投資が難しくても集団化・共同化することで近代化することが可能となり，地域経済の発展を支えてきた。延滞や不良債権化の問題は2000年頃から指摘されるようになり，2004年度の会計検査院の検査を契機に本格的に注目されるようになった。しかし，会計検査院の検査後も，延滞の問題は，いまだ根本的には解決されていないよ

うに見受けられる。

　高度化資金に関する先行研究について，高度化資金の延滞に関する本格的な調査は会計検査院が行っている。小澤（2006）は会計検査院の担当として実態を紹介している。また，会計検査院（2006）が詳細な記録を残している。高度化資金制度の利用とニーズについては，中小企業基盤整備機構（以下，中小機構と略す）（2006）が中小企業組合に対してアンケート調査を行った。株式会社商工組合中央金庫（以下，商工中金と略す）・商工総合研究所（2014）は，商工中金と取引のある事業協同組合に対して定期的に実態調査を行っており，その中で，高度化資金の返済状況について質問している。商工総合研究所（2015a）は，団地組合の地方創生への積極的な取り組みを提案する中で，団地組合における高度化資金制度の利用状況と今後のニーズについてアンケート調査を行っている。また，商工総合研究所（2015b）は，共同店舗と共同工場における高度化資金制度の利用状況について研究している。高度化資金の対象事業に集団化事業があるが，集団化事業は中小企業者が市街地に散在する工場や店舗などを集団で移転もしくは公害問題などのない適地に工業団地や卸団地を建設する事業である。公害対策の観点から東京の集団化事業について検討したものに赤池（2000）がある。当時，赤池氏は国土交通省国土技術政策総合研究所の職員であった。中小企業政策の歴史研究の観点から高度化資金について論じたものに黒瀬（1998）がある。山梨県の事例については，山梨県（2012a），（2012b）および，山北（2013a）がある。中小企業政策にバランス・スコアカードを適用するという管理会計的側面から論じたものに山北（2014）がある。中小企業政策の変遷を述べたものに山田（2013）と松島（2014）がある。黒瀬氏は旧中小企業事業団（現中小機構）出身者であり，山北氏は東京都労働経済局商工指導所主任指導員の経歴があり，山田氏は経済産業委員会調査室出身者で，松島氏は経済産業省出身者である。4人とも中小企業政策側の立場だった背景がある。高度化資金を借りる側の共同組合について考察したものに中囿（1989），大規模店舗政策から中小企業政策を検討したものに林（2010）があるが，財政学者の研究論文は見当たらなかった。高度化資金を分析しようにも，私債権に該当す

るため，公表データがなく，実態が把握できないという問題がある。具体的な数値データに触れることが難しいため，財政的側面からの先行研究が存在しないと捉えられる。しかし，自治体に相当の額の延滞があり，すでに不良債権化しているものについては，塩漬け状態になっていると判断したため，実態調査を試みることとした。

　予想通り，実態調査は困難を極めた。中小企業庁と中小機構に貸付情報と延滞情報の提供を依頼したところ，最終的には貸付額の推移のデータは提供されたが，調査当初は，私債権であるため，入手できなかった。そのため，調査方法を替え，都道府県に1件ずつ電話で説得し，2015年10月から2016年3月にかけて，アンケート調査を実施した。その結果，47都道府県中39団体（82%）から回答を得られた。

　貸付状況については，昨今の貸付件数は，当初や最盛期に比べ落ち込んでおり，20年間全く貸し付けていない自治体もみられ，制度そのものが陳腐化を起こしていると考えられる。また，延滞状況については，きれいに処理が終わって延滞ゼロの自治体もかなりの数がみられる一方で，延滞金額が83億円と高額の自治体もあり，延滞に対する自治体の考え方の違いがみられる。

　延滞を蓄積している自治体の多くは，不納欠損を行う場合に，議会の反応を恐れているところがあり，今後の参考に大いになり得ると考え，2012年度に107億円の不納欠損と債権譲渡を行った山梨県の取り組みを検討することとした。

　本章の構成は以下の通りとする。第2節では，高度化資金制度について概観し，第3節では，高度化資金に対する利用状況と今後のニーズを概観し，第4節では，都道府県に行ったアンケート調査の結果の分析を行う。第5節では，山梨県の不納欠損と債権譲渡の取り組みを検討する。

2．中小企業高度化資金制度の概要と動向

　中小企業高度化事業とは，中小企業者が共同して経営基盤の強化や事業環境の改善を図るために，工業団地，卸団地，ショッピングセンターなどを建設す

る事業や街づくり会社が商店街を整備するなど自治体と地元産業界が協力して地域の中小企業者を支援する事業に必要な資金を都道府県と中小機構が出し合い，事業計画などに対するアドバイスを行いながら，融資する事業である。代表的な事業としては，中小企業者が市街地に散在する工場や店舗などを集団で移転，もしくは公害問題などのない適地に工業団地や卸団地を建設するための集団化事業，商店街の活性化を図るために店舗の改装とアーケードの整備などを行う集積区域整備事業などがある。単に中小企業者の体質強化を図るだけでなく，公害対策，都市過密対策にも貢献してきた。2010年度末までに総額3.6兆円を貸し付けており，全国で約500の工業団地，約200の卸団地，約600のショッピングセンターを建設し，約1400の商店街の整備が行われた。

　高度化資金の前身は，1947年に始まった協働施設設置費補助金（予算補助）である。戦後まもなく，GHQの方針により財閥が解体されて，経済の民主化が進んでいたが，朝鮮戦争を契機に財閥が再編されるようになり，中小企業の整備が遅れていた。そのような中，1956年に「中小企業振興資金助成法」が制定され，1961年に「中小企業振興資金等助成法」が一部改正され，工場等集団化事業が創設された。1963年には，「中小企業近代化資金助成法」と「中小企業高度化資金融通特別会計法」が制定され，企業合同事業，小売商業店舗共同化事業，卸商業店舗集団化事業が創設された。その後，1967年に中小企業振興事業団が設立され，それ以降毎年のように，高度化資金制度が拡充していった（表4-1）。

　高度化資金の対象事業については，中小企業者が実施する事業と第三セクター等が実施する事業に大別される。中小企業者が実施する事業は10事業あり，集団化事業や集積区域整備事業，施設集約化事業などが該当する。第三セクター等が実施する事業は4事業で，地域産業創造基盤整備事業や商店街整備等支援事業などがある。貸付金の区分は，普通貸付，小規模事業者貸付，広域貸付，施設再整備貸付，災害復旧貸付，緊急健康被害等防止貸付，電力需給対策貸付がある。貸付方式はA方式とB方式があり，90％以上がA方式である（図4-1）。A方式は1つの都道府県内での事業で貸付窓口は都道府県である。B

表 4-1　中小企業高度化資金制度の変遷（1947 年度〜2002 年度）

年	法律・制度	対象事業
1947	共同施設設置費補助金（予算補助）	共同施設事業
1956	「中小企業振興資金助成法」	共同施設事業
1961	「中小企業振興資金等助成法」	工場等集団化事業
1963	「中小企業近代化資金助成法」	企業合同事業
		小売商業店舗共同化事業
	「中小企業高度化資金融通特別会計法」	卸商業店舗集団化事業
1964	「中小企業近代化資金助成法」一部改正	小売商業商店街近代化事業
1966	「中小企業近代化資金等助成法」	小売商業連鎖化事業
		共同工場貸与事業
1967		工場共同化事業儀
		計算事務共同化事業
		共同公害防止事業
1968		貨物自動車ターミナル等集団化事業
		倉庫等集団化事業
1972	「中小企業振興事業団法」	事業転換合同事業
		共同転換事業
		設備共同廃棄事業
		公害設備リース事業
1973		知識集約化共同事業
		先行取得事業
1975		工場共同利用事業
1977		小売商業店舗共同利用事業
1979		貨物自動車運送協同利用事業
		省資源・省エネルギー設備共同利用事業
2002	「独立行政法人中小企業基盤整備機構法」	

（出所）黒瀬（1998）104 ページ，表Ⅳ-12。

図 4-1　中小企業高度化資金の流れ

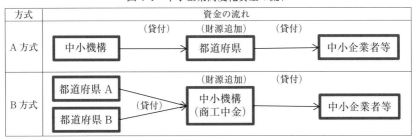

（出所）会計検査院（2006）6 ページ，図 1。

図4-2　高度化資金貸付額の推移（1967年度〜2016年度）

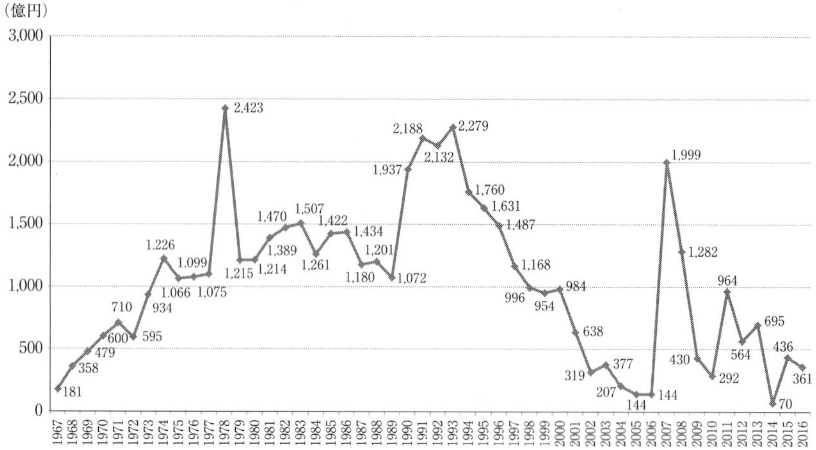

(億円)

1967年度から2016年度までの貸付額（単位：億円）：
1967: 181, 1968: 358, 1969: 479, 1970: 710, 1971: 600, 1972: 595, 1973: 934, 1974: 1,066, 1975: 1,226, 1976: 1,099, 1977: 1,075, 1978: 2,423, 1979: 1,215, 1980: 1,214, 1981: 1,470, 1982: 1,389, 1983: 1,507, 1984: 1,261, 1985: 1,422, 1986: 1,180, 1987: 1,434, 1988: 1,201, 1989: 1,072, 1990: 1,937, 1991: 2,188, 1992: 2,132, 1993: 2,279, 1994: 1,760, 1995: 1,631, 1996: 1,487, 1997: 996, 1998: 1,168, 1999: 954, 2000: 984, 2001: 319, 2002: 638, 2003: 207, 2004: 377, 2005: 144, 2006: 144, 2007: 1,999, 2008: 430, 2009: 1,282, 2010: 292, 2011: 964, 2012: 564, 2013: 695, 2014: 70, 2015: 436, 2016: 361

（注）A方式とB方式の合計額である。
（出所）中小機構資料。

方式は2つ以上の都道府県にまたがる広域事業で貸付窓口は中小機構の業務委託先である商工中金である。A方式では，都道府県が中小企業者等に貸し付ける財源のおおむね3分の2を都道府県に対して貸し付けており，都道府県は残り3分の1を一般会計から繰り入れて，中小企業者等に貸し付けている。貸付期間は20年以内，金利は2016年度で0.5％（固定金利）である。ちなみに，2012年度は1.05％であった。高度化資金の最大のメリットは20年という長期貸付金でかつ低利の固定金利である。その他固定資産税の軽減や事業所税の非課税など税制上の優遇措置も受けられる。

　中小企業高度化事業は，中小企業の連携・共同化，集積の活性化により中小企業の高度化を図るものである。1970年代の高度成長経済から1992年のバブル経済の崩壊まで中小企業を支えてきたが，1990年代後半の金融不安，昨今の低成長経済という日本経済の変化の中で，中小企業高度化事業の位置づけも変化してきているのではないかと考えられる。貸付額の推移をみてみよう（図4-2）。工場等集団化事業が創設された1961年度は9億円の貸付からスタートし，10年後の1971年度には710億円まで貸付が伸び，そして，1978年度には

2423億円と貸付のピークに達した。再びピークが来るのは，バブル経済崩壊の頃である。1989年度を境に再び貸付金額が増加し，1991年度には2188億円，1992年度は2132億円，1993年度2279億円の貸付額となった。しかし，1993年度の貸付額をピークに，年々貸付額は低下し，2005年度の貸付額は114億円となった。その後，2007年度に1999億円と3度目のピークが訪れるが，世界同時不況の影響ですぐに減少に転じ，2014年度には70億円まで落ち込んだ。現在はまた増えつつあるが，1960年代後半と同じ水準であり，ニーズは下がっているといわざるを得ない。

貸付額が下がる一方で不良債権額は増加している。2011年12月末現在の高度化資金の不良債権額は約940億円となっている[1]。不良債権の解消は国の重要課題とされてきた。2004年度に会計検査院が本格的調査を行った。17都府県に対し調査したところ，2004年度末の貸付金残2564億円のうち，1286億円が不良債権となっていることが判明した。図4-3は，1999年度から2005年度の貸付残高と不良債権額の推移である。貸付残高が右下がりなのに対して，不良債権額は増加していることがわかる。1999年度は，貸付残高1兆1421億円に対して不良債権額は1326億円で，貸付残高に占める不良債権の割合は11.6％であったが，2005年度には，貸付残高6114億円に対して不良債権額は1903億円となり，貸付残高に占める不良債権の割合は，31.1％にまで伸びている。

国の行政改革推進本部は2006年12月に，高度化資金の2005年度末の不良債権額を2010年末までに半減させる方針を決定した。その後，中小機構は，2007年12月6日付「高度化事業における債権管理のあり方の見直しについて」を都道府県に通知し，不良債権処理が促進されることになった。2011年12月末時点で，158億円（15団体）が債権放棄され，130億円（25団体）が債務免除されている。

以上，高度化資金制度を概観してきたが，バブル経済崩壊後，2007年度を除

---

1) 山梨県（2012a），7ページ。

図 4-3　貸付残高と不良債権の推移(1999 年度～2005 年度)

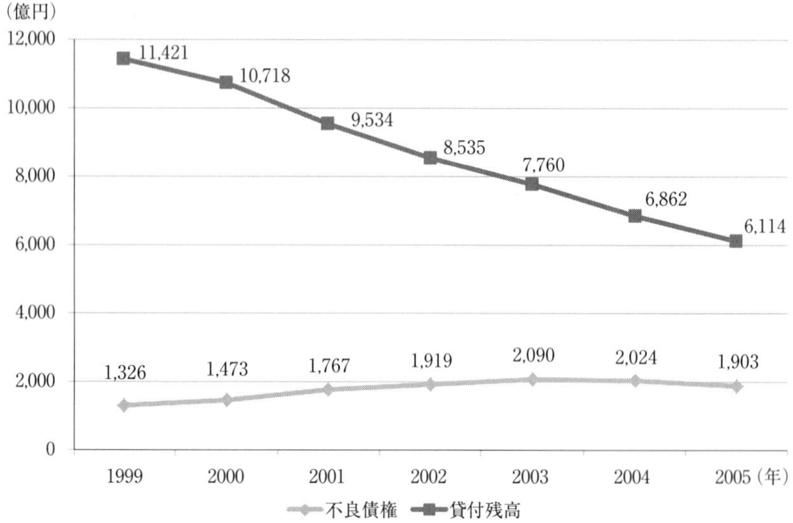

(億円)

年	貸付残高	不良債権
1999	11,421	1,326
2000	10,718	1,473
2001	9,534	1,767
2002	8,535	1,919
2003	7,760	2,090
2004	6,862	2,024
2005	6,114	1,903

(出所)　会計検査院(2006),24ページ,表10より作成。

き,貸付額が減少傾向にあるが,不良債権はかなり存在することがわかった。

3. 中小企業高度化資金に対する利用状況と今後のニーズ

次に,高度化資金を利用する側の利用状況と今後のニーズについて検討する。

中小機構(2006)が高度化資金の利用者となる中小企業組合に対してアンケート調査を行った結果から考察する。中小企業組合は全国に約4万8000組合あるが,アンケート調査は1万組合を対象に実施され,回収数が5086組合(回収率51%)であった。

高度化資金制度の認知度については,「知っている」が54.8%,「名前は聞いたことがある」が28.6%,「知らない」が15.4%,「無回答」が1.2%であった。「名前は聞いたことがある」と「知らない」で44%となっており,認知度はそれほど高くない。認知度の高い業種は小売業,運輸・通信業,卸売業で,建設業やサービス業では認知度が低い。

高度化資金の利用状況については，「利用したことがある」が29.2％（1483組合）で，「利用したことがない」が70％（3561組合），「無回答」が0.8％であった。「利用したことがある」の業種の順位をみると，小売業，卸売業，運輸・通信業の順であった。「利用したことがある」と回答した1483組合に対して，目的を聞いたところ，「団地整備」が35.9％（532組合），「共同施設整備」が25.6％（380組合），「共同店舗設置」が16.8％（249組合），「商店街整備」が12.7％（188組合），「共同工場設置」が6.9％（102組合）であった。

組合の運営状況を聞いたところ，「利用したことがない」と回答した組合の方が，若干運営状況が悪いが，それほどの違いはみられなかった（表4-2）。

今後の設備投資の見通しとその際に高度化資金を活用するかどうかについて聞いたところ，「現在設備投資を計画中で，ぜひ活用したい」と答えたのは72組合（1.4％），「現在設備投資を計画中で，ぜひ検討したい」と答えたのは101組合（2％），「現在設備投資を計画中だが活用しない」と答えたのは66組合（1.3％），「将来的には設備投資が必要と考えている，ぜひ活用したい」と答えたのは129組合（2.5％），「将来的には設備投資が必要と考えている，活用を検討したい」と答えたのは415組合（8.2％），「将来的には設備投資が必要と考えているが活用しない」と答えたのは73組合（1.4％）である。「現状では設備投資を得ていないが，活用を検討したい」と答えたのは272組合（5.3％）である。回答が最多だったのは，「現状では設備投資を考えていないのでわからない」が1217組合（23.9％）で，2番目に多かったのが，「現状では考えていないし，活用しない」で，681組合（13.4％）であった。

以上，アンケート調査を検討してきたが，これらの回答を勘案すると，利用

表4-2　高度化資金利用組合と未利用組合の運営動向

（単位：％）

	順調	まあまあ順調	良くも悪くもない	あまり良くない	良くない	無回答
利用したことがある	4.4	10.0	7.6	7.6	3.1	0.8
利用したことがない	3.1	9.3	9.0	8.3	2.8	0.8
無回答	5.6	8.7	6.3	6.3	3.2	3.1

（注）回答数5086組合。
（出所）中小機構（2006）。

している組合の方が，利用していない組合よりも若干運営が上手くいっていることはうかがえるが，一部の組合で重宝されているものの，多くの組合では，認知度もさほど高くなく，また，今後積極的に活用しようと思っていないことがわかった。

4．自治体における中小企業高度化資金の実態調査

　高度化資金の実態を分析するには，データが必要であるが，地方税のように，総務省ウェブサイトから入手することはできない。中小機構のウェブサイトにも，統計データは一切公表されていない。

　債権は，強制徴収公債権と，非強制徴収公債権，私債権に分かれる。強制徴収公債権は国税や地方税の例により滞納処分できる債権であり，税金以外には，国民健康保険料や後期高齢者医療保険料，介護保険料，下水道使用料，保育所使用料などが該当する。非強制徴収公債権は，公債権のうち裁判所の手続きが必要なもので，高校授業料や生活保護費返還金，し尿処理手数料などが該当する。私債権は主に契約に基づいて発生する債権で，裁判所の手続きが必要である。住宅使用料や奨学金返還金，診療費，給食費など各種貸付金が該当する。高度化資金は私債権である。

　実態を把握するために，貸付情報と延滞情報の提供を依頼したところ，中小企業庁と中小機構に貸付情報と延滞情報の提供を依頼したところ，最終的に貸付額の推移のデータは提供されたが，調査当初は，私債権であるため，入手できなかった。そこで，都道府県に1件ずつ電話で趣旨を話し，賛同を得た上で，アンケート調査を実施した。その結果，47都道府県中39団体（82％）から回答を得ることができた。

　貸付状況については，昨今の貸付件数は，当初や最盛期に比べ，落ち込んでおり，全く貸し付けていない自治体もみられ，制度そのものが陳腐化を起こしていると考えられる。また，延滞状況については，きれいに処理が終わってゼロの自治体もかなりの数がみられる一方で，延滞金額が高額の自治体もあり，延滞に対する自治体の考え方の違いがみられる。では詳細についてみていく。

4-1 実態調査の内容

2015年10月から開始した実態調査については，電話で趣旨を話し，賛同を得た上で，アンケートをメールで送付した。趣旨に賛同を得るにあたり，1件当たり20～30分程度かかり，長いときには1時間も電話したので，実際には説得という言葉がふさわしいかもしれない。

送付したアンケート内容は以下の通りである。

【ご提供いただきたいデータ】
・中小企業高度化資金の各年度末の延滞状況（件数，金額，貸付年度）
・中小企業高度化資金の各年度の貸付金額・件数

【質問事項】
① 中小企業高度化資金の回収が難しい理由（原因）をお知らせください。
　例：公債権でないため，公権力の行使ができないから裁判所への申し立ての経験が
　　　ないので，やりにくい　など。
② 回収方法について。サービサーや弁護士などを活用していますか？　もしくは単
　独で対応していますか？
③ これまでの訴訟件数は何件ありますか？　回収はできましたか？
④ 高度化資金を回収しやすくするための要望があれば，お知らせください。
　例：しがらみがあるので，広域的，もしくは中央で貸付してほしい
　　　どこに委託していいかわからないので，紹介してほしい　など。
⑤ 不納欠損の予定はありますか？

依頼したデータの範囲を各年度としたのは，自治体の中には，昭和30年代の延滞が存在すると聞いていたが，どの自治体かは把握できていなかったため，また，文書管理のルールが自治体ごとで異なるため，それに対応できるように，あえて曖昧に設定し，できるだけ長期間のデータ提供を依頼した。

4-2 アンケート調査協力自治体

調査結果は2016年3月末にはほぼ集まった。47都道府県中39団体（82％）から回答が寄せられた。アンケート調査の協力自治体は表4-3の通りである。アンケート結果については，自治体からの希望があり，県名は伏せることにする。

表 4-3　アンケート調査協力自治体

1	青森県	9	神奈川県	17	滋賀県	25	岡山県	33	佐賀県
2	岩手県	10	新潟県	18	京都府	26	広島県	34	長崎県
3	宮城県	11	長野県	19	奈良県	27	山口県	35	大分県
4	秋田県	12	山梨県	20	大阪府	28	徳島県	36	熊本県
5	山形県	13	静岡県	21	兵庫県	29	香川県	37	宮崎県
6	茨城県	14	愛知県	22	和歌山県	30	愛媛県	38	鹿児島県
7	千葉県	15	岐阜県	23	鳥取県	31	高知県	39	沖縄県
8	東京都	16	三重県	24	島根県	32	福岡県		

（出所）筆者作成。

4-3　貸付状況

　アンケートでは，各年度の貸付金額・貸付件数を問い合わせた。近年は高度化資金のニーズがほとんどないと予想していたが，予想に反して，13自治体で，毎年のように貸付が発生していた。一方で，貸付を休止している自治体は15自治体であった。残りは貸付年度が判明しなかった。貸付を休止している自治体で，最も古くから休止しているのは，1997年度からで，次いで，1999年度と2001年度，2002年度が1自治体ずつ，2003年度と2005年度が2自治体ずつと，かなり長期にわたって休止していることがわかった。

　貸付実績をみると，1950年代後半や1960年代前半には，多くの自治体で貸付が開始された。最も古い貸付は，1954年度の1904万円であった。

4-4　延滞状況

　延滞についても同様に，各年度の延滞金額・延滞件数を問い合わせた。延滞がないと答えた自治体は2自治体である。延滞件数を回答した自治体数は24自治体であるが，そのうち，1自治体当たり最も多い延滞件数は27件で，21件が2自治体，13件，11件，10件，9件がそれぞれ2自治体と続く。1件，2件もそれぞれ3自治体であった（図4-4）。

　延滞金額を回答した自治体は31自治体で，延滞金額で最も多い額は，83億3534万円で，次いで，64億5200万円が1自治体，30億7000万円が1自治体，28億6000万円が2自治体，21億8115万円が1自治体と続く。19億円

第4章　中小企業高度化資金の実態と不納欠損　83

図4-4　自治体別延滞件数

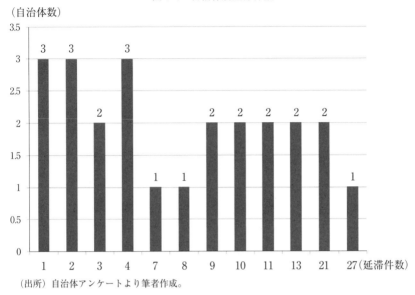

（出所）自治体アンケートより筆者作成。

図4-5　自治体別延滞金額

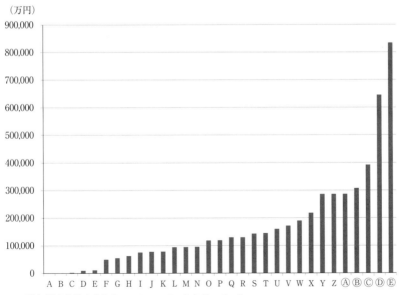

（注）県名を伏せるため，アルファベットを用いている。
（出所）自治体アンケートより筆者作成。

台，17億円台，16億円台とその後も続き，回答した20自治体は10億円以上の延滞があった。かなりまだ延滞は残っているといっていいだろう（図4-5）。

延滞債権のうち，最も古い貸付年度は1969年度であった。その他に1970年度や1973年度もあった。20年の債権であるにもかかわらず，45年前に貸し付けた債権の回収をいまだ行っているということになる。

5. 山梨県の不納欠損と債権譲渡の取り組み

自治体には多額の延滞があることがわかったが，多額の延滞を責めるよりも，できるだけ早期に効率的に解決することが重要である。山梨県は2012年に107億円の不納欠損と債権譲渡を行った。その解決プロセスは他自治体にとっても参考になると考え，2016年5月に山梨県に赴き，インタビューを行った。

5-1　山梨県の状況

山梨県は1967年度から高度化事業を開始し，2011年度までの44年間で，93団体，780億円を貸し付けてきた。完済した団体数は70団体で，75.3％は完済している。2011年度末の貸付残高は175億円（23団体）で，このうち，表4-2で示したように，107億円（7団体）が不良債権化していた（表4-4）。

表4-4　不納欠損処理対象の不良債権額（2012年1月30日現在）

(単位：円)

組合名	不良債権額	中小機構分	山梨県分
①甲南食品協業組合	188,778,242	120,317,000	68,461,242
甲南食品協業組合利子分（注）	4,944,078	4,800,495	143,583
②協同組合コウフシティジュエリーセンター	277,048	138,000	139,048
③身延ショッピングセンター事業協同組合	1,802,180,112	1,216,469,000	585,711,112
④山梨ニューマテリアル協業組合	2,683,189,870	1,341,589,000	1,341,600,870
⑤玉穂商業開発協同組合	429,450,829	289,876,000	139,574,829
⑥塩部ショッピングセンター事業協同組合	178,316,579	120,361,000	57,955,579
⑦味のふるさと協業組合	5,451,979,513	2,725,990,000	2,725,989,513
合計	10,739,116,271	5,819,540,495	4,919,575,776

（注）7組合のうち，甲南食品協業組合以外は無利子貸付である。
（出所）山梨県（2012a）1ページ，表1。

山梨県は，2002年度の包括外部監査，2008年度の定期監査で高度化事業が対象となり，会計検査院の検査は，1993年度，1996年度，1997年度，1999年度，2004年度と5回実施され，高度化事業について指摘を受けてきた。それらの指摘を受け，山梨県は，経営破綻などにより完済が見込めない債権について，2008年2月から株式会社整理回収機構（以下，RCCとする）に債権管理回収業務を委託し，担保物件の競売，連帯保証人からの徴求などにより回収を進めてきた。

5-2 なぜ不納欠損処理ができたのか

山梨県が103億円もの不納欠損が実現できたのは，2008年2月から2012年3月までRCCに回収業務を委託してきたが，預金保険法の一部改正（平成23年5月20日公布）に基づく金融庁の方針変更により，サービサー業務が廃止となり，2011年度限りでRCCに委託できなくなったことによる。新たな委託先を探したが，見つけることができなった。

2011年10月に，「山梨県中小企業高度化資金に関する第三者委員会（以下，第三者委員会と略す）」が設置された。不良債権の処理方針が検討されることとなり，実態を把握するため，第三者委員会は，山梨県，中小機構，RCC，都道府県に聞き取りおよび書面照会による調査を行った。

表4-5と表4-6はRCC委託前と委託後の主債務者からの回収と担保権実行による回収を比較したものである。主債務者からの回収は，山梨県が行ってい

表4-5 主債務者からの回収状況

（単位：円）

組合名	回収額	RCC委託前	RCC委託後
味のふるさと協業組合	9,891,854	0	9,891,854
協同組合コウフシティジュエリーセンター	115,636	89,636	26,000
山梨ニューマテリアル協業組合	1,592,000	0	1,592,000
玉穂商業開発協同組合	1,355,893	0	1,355,893
塩部ショッピングセンター事業協同組合	3,316,505	0	3,316,505
合計	16,271,888	89,636	16,182,252

（注）甲南食品協業組合と身延ショッピングセンター協同組合からの回収実績はない。
（出所）山梨県（2012a），3ページ，表2。

表 4-6　担保権実行による回収状況

(単位：円)

●競売による回収

組合名	対象	改札期日	回収額	RCC 委託前	RCC 委託後
協同組合コウフシティジュエリーセンター	土地・建物	1997 年 9 月 18 日	72,409,000	72,409,000	0
甲南食品協業組合	土地・建物	2010 年 11 月 18 日	5,115,043	0	5,115,043
塩部ショッピングセンター協同組合	土地・建物	2011 年 1 月 20 日	31,330,000	0	31,330,000
玉穂商業開発協同組合	土地・建物	2011 年 1 月 20 日	68,000,000	0	68,000,000
山梨ニューマテリアル協業組合	土地・建物	2011 年 6 月 17 日	132,279,560	0	132,279,560
合　計			309,133,603	72,409,000	236,724,603

●譲渡担保物売却による回収

組合名	対象	改札期日	回収額	RCC 委託前	RCC 委託後
甲南食品協業組合	設備	2007 年 8 月 31 日	5,073,000	5,073,000	0
山梨ニューマテリアル協業組合	設備	2011 年 2 月 15 日	5,775,000	0	5,775,000
合　計			319,981,603	77,482,000	242,499,603

(出所) 山梨県（2012a），4 ページ，表 3。

たときは，8 万 9636 円しか回収できていなかったが，委託後は，1618 万 2252 円回収できた。担保権実行による回収では，委託後は，競売による回収が 2 億 3672 万 4603 円，譲渡担保物売却による回収が 577 万 5000 円であった。連帯保証人からは，RCC 委託前は 685 万 6715 円（4 名），委託後は 1 億 5242 万 1237 円（46 名）の回収であった。このように，RCC への委託は一定の効果があったことがわかった。

調査結果を受けて，2011 年 11 月には，第三者委員会から取り得る手段は尽くされており，このまま回収業務を継続しても収入よりも回収費用が上回ることをふまえ，不良債権を譲渡する道を探ることが適当であると報告があり，県議会における議論を経て，債権譲渡を進めることとした。2012 年 9 月の議会議案となり，2012 年度末に，102 億 8061 万 3010 円を不納欠損し，4 億 5300 万 8000 円の債権譲渡を行った。

6. おわりに

本章では，高度化資金の延滞の実態と不納欠損について検討してきた。
本章で行ったのは次の 2 点である。
第 1 に高度化資金の実態を把握するために，都道府県にアンケート調査を行

い，39自治体から回答を得た。調査内容は貸付状況と延滞状況であり，貸付状況については，近年は高度化資金のニーズがほとんどないと予想していたが，予想に反して，13自治体で，毎年のように貸付が発生していた。一方で，貸付を休止している自治体は15自治体であった。貸付を休止している自治体で，最も古くから休止しているのは，1997年度からで，次いで，1999年度と2001年度，2002年度が1自治体ずつ，2003年度と2005年度が2自治体ずつと，かなり長期にわたって休止していることがわかった。貸付実績をみると，最も古いデータが，1954年度の1904万円であった。1950年代後半や1960年代前半には，多くの自治体で貸付が開始されたことが判明した。一方，延滞がないと答えた自治体は2自治体であった。延滞件数を回答した自治体数は24自治体であるが，そのうち，最も多い延滞件数は27件で，21件が2自治体，13件，11件，10件，9件がそれぞれ2自治体と続く。1件，2件もそれぞれ3自治体あった。延滞金額を回答した自治体は31自治体で，2014年度現在の延滞金額で最も多い額は，83億3534万円で，次いで，64億5200万円，30億7000万円，28億6000万円（2自治体），21億8115万円と続く。19億円台，17億円台，16億円台とその後も続き，回答した20自治体は10億円以上の延滞があった。かなりまだ延滞は残っているといっていいだろう。延滞債権のうち，最も古い貸付年度は1969年度であった。その他に1970年度や1973年度など1970年度前半の債権もみられた。45年前に貸し付けた債権の回収をいまだ行っているということになる。

　第2に，延滞を蓄積している自治体の多くは，不納欠損を行う場合に，議会の反応を恐れているところがあり，今後の参考に大いになり得ると考え，2013年度に107億円の不納欠損と債権譲渡を行った山梨県の取り組みを検討した。インタビュー調査では，山梨県は委託していた回収業者が金融庁の方針変更により委託不可能となり，第三者委員会の調査により，すでに委託によって打てる手はすべて打たれており，今後の回収見込みは厳しいことから債権譲渡の道を模索するように提言され，その結果，知事も議会も納得をした上で，107億円もの不納欠損と債権譲渡が実行されたことがわかった。つまり，やむを得な

い外的理由が発生し，それ以前にやれることは十分にやっており，外部委託も成果を出していたこと，また第三者委員会を発足し，客観的な分析を行ったことが，前例のない103億円の不納欠損を実現した理由であることが明らかになった。

　本章から得られる示唆は，長年延滞を抱えている自治体は山梨県のように，機会をとらえて，客観的な分析を行い，回収が不可能ならば，不納欠損を進めることである。高度化資金は，もともと20年と貸付期間が長いため，長年延滞となると，借主側の高齢化が問題となり，すでに死亡しているケースもある。事業承継の問題でも出てくるため，延滞になった場合は，速やかに滞納処分や不納欠損を行うべきである。貸付金は私債権であるため，地方税のように公権力の行使ができないため，延滞金の滞納処分を行う際に，民間債権同様，裁判所の手続きが必要となり，自治体職員にとって煩雑な業務となっている。自治体職員は尻込みをすることが多いため，自治体は私債権に関するノウハウの蓄積が少ないが，怖がらずに裁判所に赴き，ノウハウを身に付けるしかない。また，不納欠損をするにあたっては議会承認が必要となり，それも業務が煩雑になる要因である。本章で扱った高度化資金だけでなく，公立病院の診療費や住宅使用料の延滞も同様の悩みを抱えている。今後は，貸付金は私債権でなく強制徴収公債権として扱えるようにするなどの検討も必要なのではないかと考えている。

　今後の課題については，この研究をふまえて，さらに詳細なデータを入手し，実証分析を行い，歴史研究を踏まえた上で，高度化資金の実態を明らかにすることである。また，近代化資金についても同様の研究が必要と考える。

参 考 文 献

赤池光子（2000）「大都市東京における工場の集団化に関する考察―集団化事業の成果と課題―」（『地域学研究』31巻3号）251-269ページ。

一般財団法人商工総合研究所（2015a）『団地組合の新たな挑戦―地方創生に向けて―』平成26年度調査研究事業報告書。

一般財団法人商工総合研究所（2015b）『共同店舗組合・共同工場組合の新たな挑戦』平成27年度調査研究事業報告書。

小澤潔（2006）「中小企業高度化事業における不良債権が多額に上っていて，その解消を図るため，より一層の債権管理態勢を整備することが必要な事態について」（『会計と監査』2006 年 7 月号）6-12 ページ．

会計検査院（2006）『会計検査院法第 30 条の 3 に基づく報告書「独立行政法人中小企業基盤整備機構（旧・中小企業総合事業団）の実施する高度化事業に関する会計検査の結果について」』．

株式会社商工組合中央金庫・一般財団法人商工総合研究所（2014）『組合実態調査報告書』．

黒瀬直宏（1997）『中小企業政策の総括と提言』同友館．

黒瀬直宏（2006）『中小企業政策』日本経済評論社．

高知新聞編集局取材班（2001）『黒い陽炎』高知新聞社．

後藤文生（2003）「平成 13 年度検査報告事例解説　中小企業高度化資金の貸付けが不当と認められるもの」（『会計検査資料』2003 年 10 月号）15-19 ページ．

独立行政法人中小企業基盤整備機構（2006）『組合の現状と課題及び高度化ニーズに関する調査報告書〈ダイジェスト〉』．

中囿桐代（1989）「中小企業政策における共同組合の位置づけに関する一考察」（『社会教育研究』第 9 号）53-62 ページ．

林正樹（2010）「わが国大規模店舗政策の変遷と現状」（『レファレンス』2010 年 9 月号）79-90 ページ．

松島茂（2014）「中小企業政策の変遷と今後の課題」（『日本労働研究雑誌』No. 649）4-13 ページ．

山田宏（2013）「中小企業政策は何を目的とするのか―中小企業政策とその思想の変遷―」（『経済のプリズム』No. 109，2013 年 2 月号）．

山北晴雄（2013a）「中小企業政策の変化と自治体における高度化事業の課題―山梨県の事業を事例として―」（『地方自治研究』第 28 号第 1 巻）29-41 ページ．

山北晴雄（2013b）「中小企業政策の変化と自治体産業政策の評価―高度化事業を事例として―」（『経営情報学部論集 27』）．

山北晴雄（2014）「中小企業政策への BSC の適用―高度化事業を事例として」（『経済産業研究所紀要』第 24 号）．

山梨県（2012a）『山梨県中小企業高度化資金に関する第三者委員会報告書』．

山梨県（2012b）『山梨県高度化資金改善策検討プロジェクトチーム報告書』．

第 5 章

小泉構造改革以降の政策転換と自治体財政の現状
　　　　　──地域再生・地方創生の視点から──

矢尾板　俊　平

1．はじめに

　2012年末に行われた衆議院総選挙の結果，第2次安倍晋三内閣が発足した。その後，2014年，2017年に2度の衆議院総選挙が行われ，安倍政権安倍一強とも言われる長期政権となっている。第2次安倍内閣以降，外交・安全保障政策以外の経済政策に目を向ければ，「地方創生」，「一億総活躍社会」や「人づくり革命（生産性革命）」，「働き方改革」などの看板の架け替えはあるものの，一貫して，経済政策は「アベノミクス」の路線を踏襲している。
　アベノミクスとは，「大胆な金融緩和」，「機動的な財政出動」，そして「規制改革」の3本の矢で構成されるマクロ経済政策とミクロ経済政策のいわば「ポリシーミックス」型の経済政策である。2012年末以降，約5年半が経過する中で，アベノミクスに対する評価は，「大胆な金融緩和」と「積極的な財政出動」は及第点であるが，第3の矢である「規制改革」が追いついておらず，不合格であるというのが一般的な見方であろう。この点について，一橋大学名誉教授の石弘光氏は，アベノミクスを「良くも悪くも，リスクを取りに行く安倍晋三首相にしかできない壮大な実験」とした上で，「ロケットスタート後の経過を振り返ると，マラソンランナーが勢いよく競技場を飛び出したものの，その後は道に迷ってしまうようなレース運び」になっていると述べている。

このような状況の中で，本章の目的は，2002年以降の国と自治体との財政関係を捉えるとともに，今後の課題を明らかにすることである。現在，取り組みが進められている地方創生関係の予算では，2014年度補正予算で1700億円規模の「地方創生先行型交付金」が，2015年度補正予算で1000億円の「地方創生加速化交付金」が国から自治体に交付されている。2016年度以降は，各自治体が策定した「地方版総合戦略」に基づき，2016年度当初予算で1000億円（事業ベースでは2000億円）の「地方創生推進交付金」，2016年度補正予算で900億円（事業ベース1800億円）の「地方創生拠点整備交付金」，2017年度当初予算で1000億円（事業ベースでは2000億円）の「地方創生推進交付金」，2017年度補正予算で600億円（事業ベース1200億円）の「地方創生拠点整備交付金」，そして2018年度当初予算で1000億円（事業ベースでは2000億円）の「地方創生推進交付金」が計上されている。2014年度以降，予算規模では7200億円，事業ベースでは1兆1100億円に上る取り組みとなっている。

また，地方自治体の首長選挙に目を向ければ，現職の候補者が「借金（地方債・借入金残高）を減らし，貯金（基金）を増やした」ことを実績として掲げていることをみかける。人口減少，少子化，高齢化などの社会的課題が増加し，上記のように地方創生の取り組みに積極的に資源を投入する中で，本当に「地方債・借入金残高」を減らし，「基金残高」を増やすことは可能なのであろうか。本章では，小泉構造改革以降の地方財政の状況とそこから生じる疑問について，近年の地方財政の状況を確認しながら検討していく。

2. なぜ，自治体は借金を減らし，貯蓄を増やすことができたのか

ここで1つのたとえ話を考えてみたい。きょうだいで住んでいる年長のAさんと年下のBさんがいた。AさんとBさんは，共に所得を得ていたが，Bさんが学校に行くために，その学校の費用の一部に，AさんがBさんに金銭的な補助をしていた。Bさんは学校に行くために銀行からお金も借りていた。ある日，AさんとBさんが家計について話をすることになった。Aさんは，Bさんの借金が少しずつ返済されていて安心した。しかし，驚いたことに

Bさんの貯蓄は増えていたのである。

疑問1．なぜ，Bさんはお金を遣っているはずなのに，貯金を増やすことができたのであろうか？

解答1．AさんがBさんに聞いてみると，Aさんが金銭的な補助を年々増やしてくれることによって，学校に行く費用のほかに，本来，Bさん自身が稼いだお金で賄う予定の食事代などの生活費も賄うことができたということである。Aさんは，少し複雑な想いになったそうである。

さて，ここで話を地方財政に戻す。現職の市長が実績として掲げるように「地方債・借入金残高」は減り，「基金残高」は増えているのは本当なのだろうか。それを，2003年度から2018年度までの総務省「地方財政計画」と「地方財政白書」に基づき，確認してみよう。図5-1では，総務省「地方財政計画」における地方債・借入金残高と地方債残高の推移を示している。

図5-1　地方債・借入金残高と地方債残高の推移

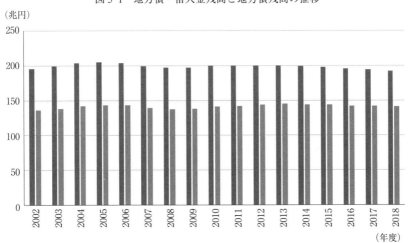

(出所) 総務省「地方財政計画」(2002年度から2018年度まで)。

2002年度の地方債・借入金残高は約195兆円であった。2005年度の約205兆円が最も多く，2018年度では約192兆円とされており，この約15年間において地方債・借入金残高は減少していることがわかる。地方債残高のみを確認すると，2018年度では約141兆円である。

次に，基金の推移について図5-2で確認してみる。基金残高は，総務省が発行する毎年の「地方財政白書」の数値に基づいて整理した。2002年度において14兆6687億円[1)]であったところ，2016年度末では23兆6314億円まで増加している。最も基金残高が少なかったのが2004年度末で13兆351億円であった。2004年度末から2016年度末の12年間で，基金全体では10兆円ほど増加しており，特に財政調整基金は約2倍となっている。

これらの数値は，全国の都道府県，市区町村の合計の数値であるために，一概に，すべての自治体で「地方債・借入金残高」が減少し，「基金」が増加したということはいえない。しかし全体の傾向としては，「地方債・借入金残高」

図5-2　基金の推移

(出所) 総務省「地方財政白書」(2005年度から2018年度まで)。

---

1) 億円未満を切り捨て。

はほぼ2002年度水準に戻っており，「基金」は10兆円ほど増加しているため，各地の現職市長が実績として掲げるように，「借金を減らし，貯金を増やした」のは，あながち嘘ではないことがわかる。

それでは，地方一般歳出の推移はどのようになっているだろうか。図5-3は，総務省の「地方財政計画」に基づき，公債費，企業債償還費普通会計負担分，不交付団体水準超経費を除く地方一般歳出額の推移をまとめている。

2002年度の地方一般歳出額は71兆1319円であり，2018年度では71兆2663億円とほぼ同規模である。地方一般歳出額は2002年度以降，2006年度の66兆4801億円まで，5兆円規模の削減が実現できたが，2007年度以降，再び，増加に転じている。もちろん，2007年度以降，2008年にはリーマン・ショックに伴う経済危機，2011年には東日本大震災の発災もあり，財政規模の拡大要因が重なったため，国や自治体の財政規律が緩んだとは必ずしもいえない。

図5-3 地方一般歳出額の推移

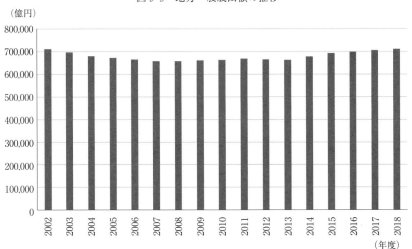

（注）公債費，企業債償還費普通会計負担分，不交付団体水準超経費を除く歳出額。
（出所）総務省「地方財政計画」（2002年度から2018年度まで）。

ここで，歳出における主要経費別の割合の推移について，図5-4で整理してみる。図5-4では，給与関係費，一般行政経費，公債費，維持修繕費，投資的経費の5項目の経費について，それぞれ歳出額に占める割合を整理してみた。まず，給与関係費が占める割合は減少傾向にあり，全国的にみて，公務員人件費の削減等の努力をしていることがわかる。次に，公債費と維持修繕費については，2002年度から2018年度までの約15年間でほぼ変化がないことがわかる。そして，一般行政経費と投資的経費がそれぞれ歳出に占める割合を確認すると，一般行政経費が占める割合は増加し，投資的経費が占める割合は減少していることがわかる。

一般行政経費が歳出に占める割合は，2002年度において23.8％であったのが，2018年度には42.6％まで増加している。一方，投資的経費が歳出に占める割合は，2002年度において28.1％であったのが，2018年度には13.4％まで減少している。特に一般行政経費は，民主党に政権が交代した2009年度以降に，一般行政経費の割合が大きく増加しているようにみえる。また投資的経費の割合は，2002年度から2007年度までの間に急激に減少していることがみて

図5-4 経費別の割合の推移

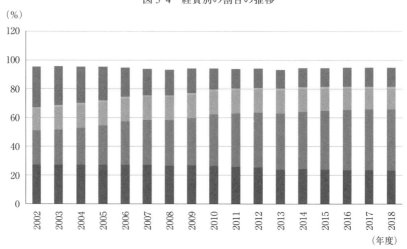

(出所) 総務省「地方財政計画」(2002年度から2018年度まで)。

取れる。これは小泉内閣による小泉構造改革を通じて，公共事業が大きく削減された結果であると読み取れる。つまり，日本の地方財政にとって，小泉構造改革と民主党政権への政権交代は，わが国の公共事業依存の「ハード型」から「ソフト型」への大きな転換期の10年であったことが示唆される。この大きな地殻変動は，まさに小泉元首相が「自民党をぶっ壊す」と声高に叫んだように，自民党の選挙基盤の弱体化を促し，結果として，民主党政権への政権交代につながった[2]。そして，再び，安倍総裁の下で，自公連立政権が政権に復帰した後，「国土強靭化」等の「ハード型」の政策が再び日の目をみるものの，「一億総活躍社会」，「人づくり革命」，「働き方改革」などのソフト型の路線が踏襲され，大きな政策転換は生じていないようにみえる[3]。しかし，「ハード型」から「ソフト型」への富の再分配ルールの変更だけでは，「借金」を減らし，「貯金」を増やすことにはつながらない。この他にも要因があるはずである。

そこで注目したのが，一般行政経費における「補助事業」である。「地方財政計画」において一般行政経費は，「補助事業」，「単独事業」，「その他の事業」に分けられている。「単独事業」は，自治体が国の補助などを受けずに独自に実施する事業である。一方，「補助事業」は国からの負担金や補助を受けて実施する事業である。図5-5は，一般行政経費における補助事業額と投資的経費（全額）を対照的に捉えるために作成した。

図5-5から明らかになることは，一般行政経費の補助事業額が2002年度においては，9兆5846億円であったのが，2018年度においては20兆2356億円と約2倍になっていることである。これは，自治体において，事業が国からの負担金や補助を受けて実施する事業が増加しているということである。つま

---

[2] 余談ではあるが，このように考えると，2009年の民主党政権交代の最大の立役者は，元内閣総理大臣でかつ元自由民主党総裁であった小泉純一郎氏であったのかもしれない。

[3] 富の再分配ルールの「ソフト型」から「ハード型」への完全なる回帰は，世論をみても困難であるかもしれない。この点で，民主党政権は一定の役割を果たしたと評価することができる。

図 5-5 投資的経費と一般行政経費（補助）の推移

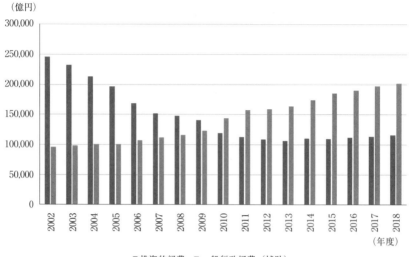

（出所）総務省「地方財政計画」（2002 年度から 2018 年度まで）。

り，当初，自治体が「単独事業」として独自財源を活用して実施する予定であった事業について，国から負担金や補助金を受け入れて「補助事業」として実施することができれば，その分，自治体の財政は余裕が生まれるということになる。つまり，自治体の単独事業の補助事業への「ツケ回し」が可能となり，自治体の「借金を減らし，貯金を増やす」ことが可能になったと考えられる。

3．臨時財政対策債は「良薬」か「劇薬」か

前節では，自治体の「補助事業」が増加している点を指摘した。しかしながら，国も財政的に余裕があるわけではないので，何らかの財政的な「工夫」が必要となる。その「工夫」の 1 つが「臨時財政対策債」という制度である。

臨時財政対策債は，総務省「地方財政白書」（平成 30 年版）の用語解説では，以下のように定義されている。

第5章　小泉構造改革以降の政策転換と自治体財政の現状　99

> 地方一般財源の不足に対処するため，投資的経費以外の経費にも充てられる地方財政法第5条の特例として発行される地方債。
> 平成13〜31年度の間において，通常収支の財源不足額のうち，財源対策債等を除いた額を国と地方で折半し，国負担分は一般会計から交付税特別会計への繰入による加算（臨時財政対策加算），地方負担分は臨時財政対策債により補填することとされている。

　当初は，2001年度から2003年度までの3カ年の経過措置であったが，その後，更新が繰り返され，現在も継続する仕組みとなっている。臨時財政対策債は，上記の説明の通り，自治体の財源不足について，本来は，すべて交付税で手当てをしなければいけないところ，国の財政状況が厳しいことから，地方負担分については臨時財政対策債を発行することを認めるというものである。そして，臨時財政対策債の発行分について，将来の交付税で対応をするという制度となっている。

　ここで先ほどのAさんとBさんに再び登場をしてもらおう。いま，Bさんが旅行に出かけようとしていた。その旅行には，10万円の経費がかかるところ，Bさんが遣えるお金は5万円であった。このとき，Aさんが2万5000円は出してくれることになったが，残りの2万5000円については，後日，AさんがBさんに支払うことを約束した上で，Bさんに銀行からお金を借りてきてもらうことにした。その結果，Bさんは，10万円を遣って旅行に行くことができた。

　疑問2：そもそも，Bさんにはお金が不足しているのであれば，旅行先や内容を変えるという選択もあったのではないか？
　疑問3：Bさんは，銀行からお金を借りてきたが，もしAさんが銀行への返済分を支払ってくれなければ，その借金はBさんが返すことになるのではないか？

　解答2：もちろん，資金が不足しているため，旅行先や内容を変えるという

選択もある。むしろ、Bさんにとって、後日、Aさんが借金分を支払ってくれるからといって、Bさんが喜んで借金をすることは考えにくい。Bさんは、誰もお金を貸してくれたり、補助したりしてくれなければ、旅行先や内容を変更したり、もしくは、そもそも旅行に行かないかもしれない。しかし単に裁量的な自由な旅行ではなく、例えば、Bさんの人生にとって必要不可欠（例えば、学校の長期研修、資格試験の受験等）のための旅行であったならば、旅行先や内容を変えるという選択肢は変えることはできず、Aさんの指示に従い、資金を賄おうとするだろう。

さて、2018年度の臨時財政対策債の発行額は、総務省「地方債計画」によれば3兆9865億円である。最も多かったのは2010年度の7兆7069億円であった（図5-6）。2010年度と比較すれば、4兆円ほど臨時財政対策債の発行額は抑制されているとはいえ、地方債発行額に占める割合からみれば、臨時財政対策債の発行規模は大きい。図5-7からは、臨時財政対策債の発行額は、地方債発行額に占める割合の中で、2018年度は34.23％で、最も多かった2010年度では48.48％であった。最も多い時期で、地方債の約半分を占め、現在でも約3割を占めていることがわかる。

図5-8は、地方交付税交付金と臨時財政対策債の推移を総務省「地方財政計画」と「地方債計画」に基づき、整理したものである。小泉内閣による「三位一体改革」以降、2002年度以降、2011年度から2013年度まで一時的に増加をしたものの、地方交付税交付金は安定的かつ減少をしている。臨時財政対策債は、その地方交付税交付金の不足分を埋め合わせる機能があったということができる。

ここでたとえ話に戻ろう。Bさんが銀行からお金を借りてくるのではなく、Aさんが不足分を現金で渡してくれたとしたら、そもそも、その借金は発生しない。そのため、つまり、臨時財政対策債ではなく、地方交付税交付金であれば、自治体が抱える借金（地方債）は減少し、財政負担は軽減され、より柔軟

第 5 章　小泉構造改革以降の政策転換と自治体財政の現状　101

図 5-6　臨時財政対策債発行額の推移

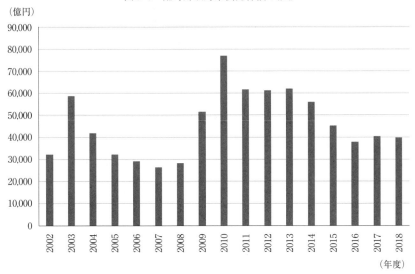

（注）地方債計画の 2011 年度は 12 月に 2 次改定，地方債計画の 2016 年度は 2017 年 2 月に 2 次改定の数値。
（出所）総務省「地方債計画」（2002 年度から 2018 年度まで）。

図 5-7　臨時財政対策債発行額の割合（対地方債発行合計額）の推移

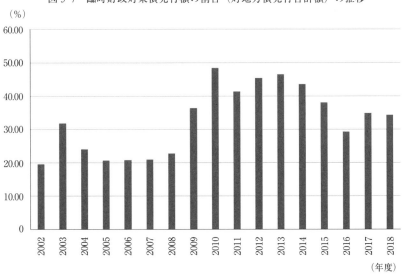

（注）地方債計画の 2011 年度は 12 月に 2 次改定，地方債計画の 2016 年度は 2017 年 2 月に 2 次改定の数値。
（出所）総務省「地方債計画」（2002 年度から 2018 年度まで）。

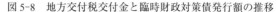

図 5-8　地方交付税交付金と臨時財政対策債発行額の推移

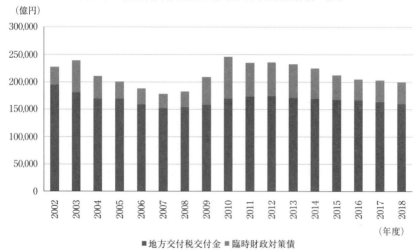

■地方交付税交付金　■臨時財政対策債

（注）地方債計画の 2011 年度は 12 月に 2 次改定，地方債計画の 2016 年度は 2017 年 2 月に 2 次改定の数値。
（出所）総務省「地方財政計画」および「地方債計画」（2002 年度から 2018 年度まで）。

な財政運営が可能になる。しかしながら，国が図 5-8 で示した全額を交付税で支払うことは，国の財政状況から考えれば厳しいということである。

ここで疑問 3 に回答することになる。

解答 3：図 5-9 でみるように，2018 年 2 月時点での臨時財政対策債の現在高は 53.7 兆円[4]である。このリスクを負っているのは，銀行にお金を借りるように促した「A さん」ではなく，実際にお金を借りてきた B さんであることに注目するべきである。つまり，「A さん」が「B さん」に促した借金の返済額を，後日，「B さん」に支払うことができなければ，B さんは自分の力で借金を返済しなければならなくなる。これが自治体にとっての臨時財政対策債を発行することの最大のリスクで

4）「平成 28 年度末の地方公共団体の決算における残高計に，平成 29 年度及び平成 30 年度の地方財政計画上の臨時財政対策債発行額を加え，公債費のうち臨時財政対策債の元金償還額を控除したものである。」となっている。

図 5-9 臨時財政対策債現在高の推移(兆円)

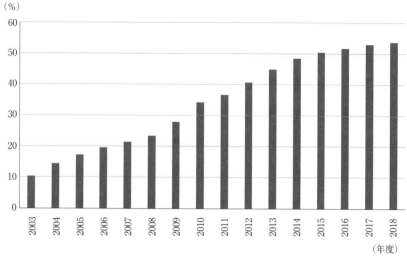

(出所)総務省「地方財政計画」(2002 年度から 2018 年度まで)。

あろう。そのため，B さんはできるだけ借金をすることを抑制しようとする。

つまり臨時財政対策債は，国にとっては，財源不足を補うことができる「良薬」である。しかし，自治体にとってはリスクを伴う「劇薬」にもなり得る制度である。財政状況が厳しい自治体の中には，財源の優先順位を決め，できるだけ自主財源で対応し，臨時財政対策債の発行を抑制する財政マネジメントを行っている自治体もある。国にとっては，自治体がリスクを背負うことによって，「無駄遣い」を抑制するインセンティブが働く補助システムであるともいえるかもしれない。

疑問 4：B さんにお金を貸す銀行にとって，その「担保」となるのは，B さんの信用はもちろんのこと，やはり A さんの信用なのではないか？もし，A さんの信用が損なわれるようなことがあれば，銀行はそもそも B さんにお金を貸さないのではないか。

解答4：この疑問は正解であろう。つまり，銀行にとっての最大の保証は，Bさんがお金を返すことができないのであれば，Aさんがお金を返してくれるという「信用」がある（連帯保証人ではなく，「暗黙の保証人」がいる）からであろう。もし，Aさんに信用が無ければ，「暗黙の保証」関係は成り立たず，Bさんにお金を貸すことはしないかもしれない。

臨時財政対策債の制度を裏づける「信用」は，「暗黙の政府保証」であり，また国の財政状況であろう。つまり，国の財政の持続可能性が低下すれば，臨時財政対策債の制度も機能しなくなり，自治体の資金調達が困難になる可能性がある。そのため，国の財政健全化の取り組みは，地方財政の運営にも大きな影響を与えることになる。

4. 地方創生の2つの「顔」

ここまでのたとえ話を少し整理してみよう。AさんとBさんの家庭では，Aさん，Bさんとも所得を得ているが，AさんはBさんに様々な形式で支援を行ってきていることがわかった。Aさんの直接的な「補助」により，Bさん自身の借金は返済でき，貯蓄も増えた。また，Aさんも金銭的な余裕があるわけではないので，Bさんの収入の不足分の一部は，後日，Aさんが借り入れ分をBさんに渡すことを約束した上で，Bさんが銀行からお金を借りてきている。Bさんは，本当は銀行からお金を借りたくないが，収入の不足分を補うために，銀行からお金を借りてきている。Bさんは，「Aさんはちゃんと借り入れ分を支払ってくれるだろうか」と心配をしながら，自分の支出を見直しながらも，やりくりをしている。

もちろん，これは抽象的なたとえ話であり，厳密にいえば，このようなたとえ話は正しくない。しかしながら，現在の「地方債・借入金残高」と「基金残高」の現状，臨時財政対策債の課題を整理すると，最もシンプルに説明しようとすると，これまでの「たとえ話」にあてはめて説明できよう。

第5章　小泉構造改革以降の政策転換と自治体財政の現状　105

総務省「地方財政計画」の中で，2002年度以降の地方再生，地方創生に関する歳出見込額の規模を確認すると，表5-1となる。

2008年度以降，「地方再生対策費」，「地域雇用創出推進費」，「地域活性化・雇用等臨時特例費」，「地域経済基盤強化・雇用等対策費」，「地域の元気づくり事業費」，「まち・ひと・しごと創生事業費」と「看板」は架け替えられながらも，多くの事業費が地方に投入されていることがわかる。特に，2010年度の「地方財政計画」以降，事業費の規模は1兆円を上回り，「地方創生元年」となった2015年度は，1兆8450億円の規模となっている。また，ここに東日本大震災復旧・復興分を加えると，図5-10となる。

表5-1と図5-10からわかることは，「地方財政計画」の中で，地方再生，地方創生に関係する事業は，2015年以前から推進されてきており，特に民主党政権に政権交代直後の2010年度の「地方財政計画」，「地方創生元年」である2015年度の「地方財政計画」において，前年度比が大きく高まっている。また，第2次安倍内閣の発足直後の2013年度の地方再生，地方創生関係費と東日本大震災復旧・復興事業費の合計額は，「地方創生元年」の2015年の事業規模を超える規模となっている。これを「政治的」に解釈すると，次のような解釈が可能である。

表5-1　2002年度以降の地方再生・地方創生関連費

（単位：億円）

	2008年度	2009年度	2010年度	2011年度	2012年度	2013年度	2014年度	2015年度	2016年度	2017年度	2018年度	計
地方再生対策費	4,000	4,000	4,000	3,000								15,000
地域雇用創出推進費		5,000										5,000
地域活性化・雇用等臨時特例費			9,850	12,000								21,850
地域経済基盤強化・雇用等対策費					14,950	14,950	11,950	8,450	4,450	1,950		56,700
地域の元気づくり事業費						3,000	3,500					6,500
まち・ひと・しごと創生事業費								10,000	10,000	10,000	10,000	40,000
計	4,000	9,000	13,850	15,00	14,950	17,950	15,450	18,450	14,450	11,750	10,000	

（出所）総務省「地方財政計画」（2002年度から2018年度まで）。

図 5-10 2012 年度以降の地方再生・地方創生関係費と東日本大震災復旧・復興分

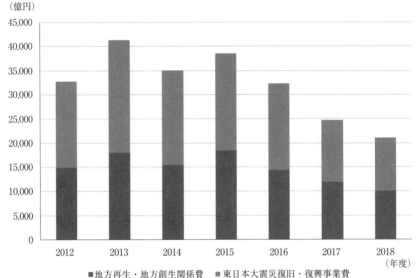

■地方再生・地方創生関係費　■東日本大震災復旧・復興事業費

（出所）総務省「地方財政計画」（2002 年度から 2018 年度まで）。

　小泉構造改革を通じて地域経済が弱まり，その結果として小泉構造改革路線を継承した第 1 次安倍内閣は，2007 年の参議院総選挙に大敗し，それが退陣につながった（安倍首相の「大いなる挫折」ともなった）。第 1 次安倍改造内閣をほぼ「居抜き」状態で引き継いだ福田康夫元首相は，「改革路線」を展開し，地方への富の再分配ルールを改め，地域経済の再生に取り掛かった。その後，リーマン・ショックなどの経済危機もあり，国民は「政権交代」への期待を高めることになる。その結果，2009 年にわが国において本格的な政権交代が起こり，民主党政権は「地方財政計画」の数字上では，地方再生の事業の規模を拡大させたことになる。東日本大震災を経て，2012 年末に政権交代となり，安倍首相は，2007 年の「蹉跌」を教訓とし，地域経済の再生路線をさらに拡大する。その結果として，2012 年末以降の 3 度の衆議院総選挙，2 度の参議院選挙に勝利し，2018 年 4 月時点で政権を維持することができている。つまり，地域再生・地方創生は「成長と分配の政策」であるとともに，「政権維持」の鍵であるといえる。

この点は，矢尾板(2017)においても，地方創生には「2つの顔」があることを指摘し，選挙対策としての「政治の顔」と，アベノミクスの成果を地域経済に波及させるための「経済政策（ローカル・アベノミクス）の顔」があるとしている。

表5-2は2015年度以降の地方創生に係る交付事業の規模を整理したものである。交付事業には，都道府県分と市区町村分があるが，表5-2では都道府県

表5-2 地方創生に係る交付対象事業数と交付予定額

趣旨	事業名		交付対象事業数			交付予定額（億円）		
			計	都道府県分	市区町村分	計	都道府県分	市区町村分
緊急支援	地域創生先行型タイプ1	平成27年11月10日	709	153	556	236	107	129
緊急支援	地域創生先行型タイプ2	平成27年11月10日	724	34	690	3	63	67
一億総活躍	地域創生加速化交付金	平成28年3月18日	1,926	291	1,635	906	296	610
地域再生計画	地域創生推進交付金（平成28年度第1回）	平成28年8月2日	745	153	592	184	103	80
一億総活躍	地域創生加速化交付金（2次募集分）	平成28年8月2日	342			78		
地域再生計画	地域創生推進交付金（平成28年度第2回）	平成28年11月25日	456	83	373	54	28	26
未来投資	地域創生拠点整備交付金	平成29年2月3日	897	208	689	556	240	316
未来投資	地域創生拠点整備交付金（第2回）	平成29年4月28日	224	26	198	94	18	76
地域再生計画	地域創生推進交付金（平成29年度第1回）	平成29年4月28日	709	143	566	135	60	76
地域再生計画	地域創生推進交付金（平成29年度第2回）	平成29年10月13日	222	69	153	14	6	9
未来投資	地域創生拠点整備交付金（平成29年度第3回）	平成29年10月13日	56	6	50	13	2	11
地域再生計画	地域創生交付金（地域経済牽引事業分）	平成29年12月8日	15	10	5	4	3	1
生産性革命	生産性革命に資する地域創生拠点整備交付金	平成30年3月9日	182	100	82	216	142	74
地域再生計画	地域創生推進交付金（平成30年度第1回）	平成30年3月29日	2,236	483	1,753	601	282	319
		計	9,443	1,759	7,342	3,094	1,350	1,794
		継続事業	1,918	392	1,526			
		計・継続事業	7,525	1,367	5,816			

（出所）内閣府まち・ひと・しごと創生本部公表資料を整理し，筆者作成（https://www.kantei.go.jp/jp/singi/sousei/about/kouhukin/index.html）。

分と市区町村分を合わせた事業件数と交付予定額について，内閣府地方創生推進事務局が公表している資料をまとめている。2015年以降，交付事業対象となった事業件数は9443件（継続事業1918件）であり，交付予定額は3094億円である。

また都道府県別に事業件数と交付予定額の累計数を表5-3に整理すると，事業件数では，北海道，岐阜県，熊本県，福岡県が400件を超え，茨城県，京都府，鹿児島県，福島県，千葉県，栃木県が300件を超えていることがわかる。また交付予定額でみると，北海道，長野県，熊本県，福岡県，京都府，兵庫県が100億円を超えている。

表5-3 地方創生に係る都道府県別交付事業件数と交付予定額の累計数

	交付予定額計 （千円）	事業件数計		交付予定額計 （千円）	事業件数計
北　海　道	21,008,231	1,107	滋　　　賀	5,515,641	212
青　　　森	5,702,555	229	京　　　都	11,181,874	369
岩　　　手	6,162,008	212	大　　　阪	4,767,938	245
宮　　　城	5,880,532	197	兵　　　庫	10,102,414	342
秋　　　田	5,154,964	180	奈　　　良	7,036,662	252
山　　　形	7,514,923	271	和　歌　山	5,640,033	195
福　　　島	8,664,351	320	鳥　　　取	6,750,461	278
茨　　　城	7,901,153	381	島　　　根	4,917,841	174
栃　　　木	6,273,578	311	岡　　　山	6,948,350	248
群　　　馬	5,556,022	183	広　　　島	4,994,459	167
埼　　　玉	5,957,093	229	山　　　口	5,267,885	162
千　　　葉	5,480,996	315	徳　　　島	5,593,772	198
東　　　京	2,471,375	152	香　　　川	3,897,504	143
神　奈　川	4,670,429	223	愛　　　媛	5,571,159	215
新　　　潟	8,275,957	280	高　　　知	7,393,805	294
富　　　山	8,455,411	234	福　　　岡	11,205,704	408
石　　　川	7,345,508	231	佐　　　賀	3,839,578	144
福　　　井	4,967,095	170	長　　　崎	96,572,319	293
山　　　梨	3,672,602	125	熊　　　本	11,484,457	416
長　　　野	12,909,777	732	大　　　分	5,391,071	236
岐　　　阜	9,328,687	467	宮　　　崎	5,276,551	217
静　　　岡	6,960,275	268	鹿　児　島	6,624,515	322
愛　　　知	5,016,062	271	沖　　　縄	1,802,809	64
三　　　重	4,435,169	229			

（出所）内閣府まち・ひと・しごと創生本部公表資料を整理し，筆者作成（https://www.kantei.go.jp/jp/singi/sousei/about/kouhukin/index.html）。

さらに，1人当たりの累計交付額を算出したのが図5-11である。1人当たりの累計交付額は，都道府県別の交付予定額の累計を2015年国勢調査結果に基づく各都道府県の人口で割ったものである。1人当たりの交付額では，鳥取県，高知県が高く，山形県，富山県，石川県，福井県，長野県，徳島県，熊本県が続いている。当然ながら，東京都，埼玉県，千葉県，神奈川県，愛知県，大阪府は低い。沖縄県は事業件数においても，交付予定額の累計でも1人当たりの累計交付額でも低いことが明らかになった。さらに格差を表す変動係数を算出すると58.9となった。

地方創生事業の交付金申請には，6つの「先駆性要素」が求められている[5]。その6つの「先駆性要素」とは，① 自立性，② 官民協働，③ 地域間連携，④ 政策間連携，⑤ 事業推進主体の形成，⑥ 地方創生人材の確保・育成である。この6つの要素を踏まえることで，将来的には，各事業が「自走」する事業に

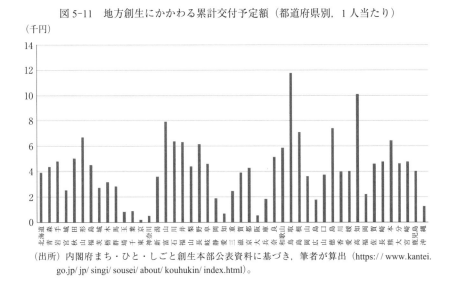

図5-11 地方創生にかかわる累計交付予定額（都道府県別，1人当たり）
（千円）

（出所）内閣府まち・ひと・しごと創生本部公表資料に基づき，筆者が算出（https://www.kantei.go.jp/jp/singi/sousei/about/kouhukin/index.html）。

---

5) 内閣府まち・ひと・しごと創生本部「地方創生事業実施のためのガイドライン・事例集」（https://www.kantei.go.jp/jp/singi/sousei/about/kouhukin/jirei_index.html）。

転換していくことを国としては期待している。この点は，これまでの地域再生事業や補助事業への反省点が考慮されているといえる。つまり「補助金ありき」，「補助金依存」の事業ではなく，国は交付金を「先行投資」として位置づけている。各自治体の総合戦略の計画期間は，2019年度までとなっている。2020年度以降の「ポスト総合戦略」に向けた制度設計も急務である。

疑問5：「補助金ありき」の事業から脱却することは可能か？

解答5：確かに，これまでの地域再生の取り組みとは異なり，計画の進捗度の評価（KPI評価），さらには「自走」のための支援，産学官連携，地域間連携，政策間連携のための支援は，多様なアプローチにより行われてきている。また，2018年度より「ふるさと納税制度」を活用した新たな取り組みも始まっている。しかしながら，「政治的」「選挙対策」ということを考えると，「補助金ありき」からの脱却は難しいかもしれない。

5. おわりに

本章では，地方財政における国と自治体との関係を確認してきた。以前，「金持ち父さん，貧乏父さん」という書籍が流行したが，その表現を借りれば，もしかすると「（財政的に）ちょっと余裕がある地方，（財政的に）余裕がない国」といるかもしれない。小泉構造改革以降，弱まった地域経済に対し，福田内閣以降の路線転換により，多くの予算，資源が国から地方に投入されてきた。そして，第2次安倍内閣以降，地方創生という壮大な国家プロジェクトが動き出している。このときに，どうしても「選挙」，「政治」の側面を切り離して考えることはできない。今後，安倍首相が退陣したとして，誰が後任になろうとも，地域再生・地方創生の軸は変わることはないだろう。

現在，地方自治体が抱える課題として，公共施設の管理の適正化の問題がある。「（財政的に）ちょっと余裕がある地方」とはいったが，それは国と自治体

との財政上の関係を揶揄した「言葉の綾」であって，地方の現場からすれば，決して「余裕はない」というのが本音である。人口減少，少子化，高齢化が進展していく中で，老朽化した公共施設をどのように管理していくのか，また統廃合も含めて公共施設をどのように適正に配置していくのかという問題は，全国の自治体が共有する「頭痛のタネ」である。すでに「地方財政計画」では，2015年度より「公共施設等適正管理推進事業費」として，2015年度は1000億円，2016年度は2000億円，2017年度は3500億円，2018年度は4800億円を計上し，その額も増加している。今後，国と自治体との財政関係の中で，公共施設の適正管理の問題は大きな論点となる。この点は，別稿で改めて検討をしたい。

　ここで提起される大きな課題は国がどのように財政再建に政策シフトをするかという点である。本章でみてきたように，国と自治体の財政関係が成り立っているのは，「暗黙の政府保証」があるからであり，国の「信用」が維持されることにより，自治体の補助事業であっても，臨時財政対策債であっても，地方再生，地方創生の推進も進んでいくことになる。そのためには，国の財政の持続可能性を高めるための財政再建も必要となる。本章の中で登場したAさんとBさんのたとえ話の中で，実は最も重要な点は「同居」しているということである。つまり，「同居」することにより，AさんとBさんは実はリスクを共有している運命共同体なのである。Aさんの家計状況が悪化すれば，Bさんの家計にも大きな悪影響が及ぶ。こうした観点からも国の財政再建，そして国と地方との間の財政関係について見直していくべきである。

　付記　本章の執筆にあたり，前三重県松阪市長の山中光茂氏から多くの有益な示唆を得た。感謝申し上げる。

参 考 文 献

石弘光（2018）「アベノミクスは早く店じまいせよ」（『文藝春秋』2018年5月号）144-151ページ。

小林慶一郎（2015）「データで見た「三本の矢」の的中率」（『文藝春秋』2015年12月号）104-118ページ。

松村俊英(2017)「公共施設マネジメントの現状と課題について」(『淑徳大学地域連携センター年報』vol. 1) 淑徳大学地域連携センター, 13-19 ページ。

矢尾板俊平 (2017)『地方創生の総合政策論』勁草書房。

山田正人 (2016)「地方創生の時代における地域中核企業支援について」(『淑徳大学サービスラーニングセンター年報』第 6 号) 淑徳大学サービスラーニングセンター, 29-34 ページ。

ロバート・キヨサキ [白根美保子訳] (2013)『金持ち父さん 貧乏父さん―アメリカの金持ちが教えてくれるお金の哲学』筑摩書房。

内閣府まち・ひと・しごと創生本部「地方創生事業実施のためのガイドライン・事例集」(https://www.kantei.go.jp/jp/singi/sousei/about/kouhukin/jirei_index.html)。

内閣府まち・ひと・しごと創生本部『地方創生関係交付金』(https://www.kantei.go.jp/jp/singi/sousei/about/kouhukin/index.html)。

総務省『地方財政計画』(2002 年度から 2018 年度まで) (http://www.soumu.go.jp/iken/zaisei.html)。

総務省『地方債計画』(2002 年度から 2018 年度まで) (http://www.soumu.go.jp/iken/zaisei.html)。

総務省『地方財政白書』(2005 年度から 2018 年度まで) (http://www.soumu.go.jp/menu_seisaku/hakusyo/index.html)。

第3部

外国財政と経済成長・財政再建

第 6 章

中国の財政分権制と経済成長
——財政権限を踏まえた実証分析を通じて——

田 代 昌 孝

1. はじめに

　経済が成長するにつれて住民のニーズが多様化してくると，地方政府は様々な公共サービスの提供が必要になってくる。財源のみならず，権限の委譲も伴う財政の分権化は，住民のニーズに即した公共サービスの提供を可能とするであろう。財政の分権化は住民に対して財政責任を求めるだけでなく，地方政府に対しても歳出の効率化を要求する。その結果，地方政府は地域経済を成長させるべく，限りのある予算支出をインフラ整備に投入して，地方税収の増加を図ろうとする。それに対して，財政移転の伴うソフトな予算制約下において，地方政府は生産要素を成長部門に投入するのではなく，財政錯覚を生じさせるような予算支出を重要視するかもしれない。したがって，財政の分権化はオーツの分権化定理に示されたように，歳出を効率化させるだけではなく，地域経済の成長にも寄与するものと考えられる。

　地域経済の成長を考える場合，当該地域の提供する公共サービスの便益が他地域にも及ぶため，人口密集地域の都市部では財政分権化と地域経済の成長との関係が曖昧になってしまう。結果として，財政分権化と経済成長との関係の実証分析は，各国のデータや国土面積が広いアメリカ，中国などの地方データを利用して行われている。とりわけ，中国の経済成長は 2000 年の西部大開発

以降著しくなっており，中国の地方データに基づく財政分権化と経済成長との関係は興味深いものがあると考えられる。

　また，財政分権化と経済成長との関係はデータの問題だけでなく，財政分権化をいかなる指標で捉えるかも重要となる。一般的な分権化指標となる地方の歳出／国と地方の歳出合計は必ずしも分権化指標として適切でないかもしれない。具体的には，この指標では地方政府に認められる財政権限，すなわち団体自治を捉えていない可能性がある。財政分権化で重要となるのは，国から地方への単なる財源だけでなく権限の移譲もすることである。そのため，実際に行われた各地方の歳出が当該地域の独自性をどの程度反映しているのかを示す指標を作成する作業も必要となろう。分権化指標には各地方の歳出／国と地方の歳出合計で定義された財政分権度だけでなく，それと財政権限を掛け合わせて数量化しなければならない。それゆえ，財政分権化と経済成長との関係は様々な分権化指標を考慮して，実証分析を行うことになる。

　これまで財政分権化と経済成長との関係を実証分析した研究は多数あるが，必ずしも一致した見解は得られていない。財政分権化が経済成長に貢献するという理論的な研究（Brueckner 2006; Yushkov 2015; Besley and Coate 2003; Oates 1999; 村上 2012 など）がある一方で，実証的には理論とは逆に負の関係があるという見解（Zhang and Zou 1998; Davoodi and Zou 1998; Xie, Zou and Davoodi 1999 など）だけでなく，途上国と先進国で結果が異なるという見解（Davoodi and Zou 1998 など）もある。このように財政分権化と経済成長との関係を実証分析した研究はこれまで盛んに行われてきたが，幾つかの課題を抱えているのも事実である。

　特に，中国の地方データを利用して財政の分権化と経済成長との関係を分析したものとしては，Zhang and Zou（1998），Lin and Liu（2000），Jin and Zou（2005），Jalil, Feridun and Sawhney（2014）などがある。ただ，これらの研究では財政分権化の指標として各地方の歳出，歳入/国と地方の歳出，歳入の合計を利用しており，各地方に認められた財政権限を適切に捉えたものではないと思われる。そのため，本章では財政分権化の指標に各地方で認められた財政権限も考慮して，中国の財政分権制と経済成長との関係を実証分析している。ま

た，各地方の独自性に基づく歳出を考慮するために，財政分権度と財政権限を掛け合わせた分権化指標もここでは使っている。それ以外にも，本分析のデータは2000年の西部大開発以降の『中国統計摘要（2000から2007年)』から集めており，中国の財政分権制と経済成長との関係がより正確に測ることができると考えられる。

本章の構成は以下のようなものである。第2節では，中国の財政分権制と経済成長との関係を述べる。第3節では，財政分権化の経済成長への影響に関する先行研究を概観する。第4節では，財政分権化と経済成長への影響に関する分析手法とデータの説明をする。第5節では，中国の財政分権制と経済成長との関係に関する実証分析の結果を考察する。おわりにでは，全体のまとめと若干の政策提言を行う。

2. 中国の財政分権制と経済成長との関係

表6-1には2001から2006年における中国の財政分権制と経済成長との関係が示してある[1]。ここでは分権化指標として財政分権度，すなわち各地方における歳出と国と地方の歳出合計との比を算出したもの，および財政権限，すなわち地方固有の税収が財政収入に占める割合をまとめている[2]。

表6-1から西部大開発以降の2001から2006年において，財政分権度は江蘇省，上海市，山東省で大きかったことがわかる。その一方で，西蔵自治区，海南省，寧夏自治区，青海省の財政分権度は小さくなっていた。したがって，財政分権度は都市部より農村地帯で小さくなっている傾向にあると考えられる。同じように，財政権限も北京市や上海市等の都市部で非常に大きくなってお

---

[1] 『中国統計摘要』は当該年の前年における財政データをまとめているため，表6-1と統計資料の年数に違いがある。
[2] 中国では国税として，企業所得税，増値税，消費税，車両購入税，証券公益税がある。その一方で，地方税には営業税，資源税，城鎮土地使用税，土地増値税，耕地占有税，都市建設維持税，煙葉税，不動産税，車船税，印紙税，契税がある。ここでは『中国統計摘要』から地方固有の税として個人所得税，資源税，都市建設維持税，不動産税，印紙税，契税を考えている。

表6-1　中国の財政分権制と経済成長との関係

		2001年	2002年	2003年	2004年	2005年	2006年
北京市	財政分権度	0.014	0.016	0.018	0.022	0.026	0.032
	財政権限	0.71	0.682	0.69	0.707	0.668	0.654
	成長率	11.92%	14.23%	13.14%	17.79%	10.57%	8.94%
天津市	財政分権度	0.006	0.007	0.008	0.009	0.011	0.013
	財政権限	0.474	0.505	0.516	0.533	0.488	0.485
	成長率	10.30%	11.73%	19.44%	19.70%	17.03%	14.47%
河北省	財政分権度	0.013	0.014	0.016	0.019	0.024	0.029
	財政権限	0	0.38	0.373	0.397	0.397	0.405
	成長率	0.00%	8.59%	14.41%	21.81%	18.38%	14.29%
山西省	財政分権度	0.007	0.008	0.01	0.013	0.017	0.023
	財政権限	0.414	0.437	0.402	0.368	0.345	0.26
	成長率	8.81%	13.75%	22.03%	24.30%	16.32%	12.89%
内蒙古自治区	財政分権度	0.008	0.01	0.011	0.014	0.017	0.02
	財政権限	0.395	0.419	0.437	0.449	0.448	0.446
	成長率	10.98%	14.50%	21.51%	27.17%	27.92%	22.75%
遼寧省	財政分権度	0.016	0.017	0.019	0.023	0.03	0.035
	財政権限	0.639	0.495	0.483	0.493	0.475	0.479
	成長率	7.50%	8.20%	9.77%	10.97%	19.88%	14.85%
吉林省	財政分権度	0.008	0.009	0.01	0.013	0.016	0.018
	財政権限	0.437	0.449	0.431	0.47	0.437	0.442
	成長率	7.37%	10.40%	13.08%	17.08%	15.70%	17.06%
黒竜江省	財政分権度	0.012	0.013	0.014	0.017	0.019	0.024
	財政権限	0.417	0.424	0.436	0.432	0.428	0.432
	成長率	7.31%	7.20%	11.50%	17.02%	15.95%	12.71%
上海市	財政分権度	0.018	0.021	0.027	0.034	0.041	0.044
	財政権限	0.564	0.585	0.608	0.638	0.597	0.568
	成長率	8.53%	9.71%	10.75%	18.43%	11.08%	11.34%
江蘇省	財政分権度	0.018	0.021	0.026	0.032	0.041	0.05
	財政権限	0.374	0.43	0.46	0.509	0.469	0.469
	成長率	9.49%	11.75%	16.91%	20.16%	21.45%	16.80%
浙江省	財政分権度	0.015	0.019	0.022	0.026	0.031	0.036
	財政権限	0.475	0.532	0.538	0.602	0.532	0.528
	成長率	9.67%	15.39%	20.41%	19.12%	13.76%	14.37%
安徽省	財政分権度	0.01	0.011	0.013	0.015	0.018	0.023
	財政権限	0.334	0.364	0.385	0.396	0.431	0.425
	成長率	11.17%	7.96%	11.14%	20.49%	12.88%	15.85%
福建省	財政分権度	0.009	0.01	0.011	0.013	0.015	0.018
	財政権限	0.462	0.492	0.491	0.539	0.5	0.496
	成長率	6.24%	8.80%	10.78%	14.90%	13.22%	13.44%
江西省	財政分権度	0.007	0.008	0.009	0.011	0.014	0.017
	財政権限	0.353	0.404	0.424	0.451	0.392	0.428
	成長率	7.63%	11.65%	13.64%	22.24%	16.59%	13.13%
山東省	財政分権度	0.019	0.021	0.025	0.029	0.036	0.045
	財政権限	0.331	0.376	0.378	0.415	0.405	0.398
	成長率	9.32%	11.23%	17.00%	23.70%	22.44%	17.17%
河南省	財政分権度	0.013	0.016	0.018	0.022	0.028	0.036
	財政権限	0.372	0.389	0.39	0.27	0.384	0.391
	成長率	9.34%	8.86%	13.70%	24.74%	23.31%	17.04%

第6章 中国の財政分権制と経済成長

		2001年	2002年	2003年	2004年	2005年	2006年
湖北省	財政分権度	0.012	0.013	0.013	0.016	0.019	0.026
	財政権限	0.367	0.387	0.403	0.435	0.442	0.437
	成長率	9.12%	8.30%	12.65%	18.14%	15.49%	15.04%
湖南省	財政分権度	0.011	0.013	0.014	0.018	0.022	0.026
	財政権限	0.368	0.381	0.386	0.417	0.428	0.429
	成長率	12.81%	10.03%	12.70%	20.77%	13.76%	13.47%
広東省	財政分権度	0.033	0.038	0.042	0.046	0.057	0.063
	財政権限	0.469	0.504	0.508	0.558	0.509	0.503
	成長率	8.74%	10.92%	15.85%	17.28%	17.08%	14.90%
広西自治区	財政分権度	0.013	0.01	0.011	0.013	0.015	0.018
	財政権限	0.356	0.383	0.394	0.421	0.417	0.404
	成長率	8.73%	9.89%	10.99%	20.94%	17.79%	16.52%
海南省	財政分権度	0.002	0.002	0.003	0.003	0.004	0.004
	財政権限	0.526	0.533	0.519	0.55	0.54	0.547
	成長率	3.74%	10.34%	10.42%	14.20%	10.79%	16.36%
重慶市	財政分権度	0.006	0.008	0.008	0.01	0.012	0.015
	財政権限	0.476	0.487	0.463	0.478	0.465	0.455
	成長率	10.74%	13.39%	14.73%	18.95%	14.11%	13.25%
四川省	財政分権度	0.015	0.017	0.018	0.022	0.027	0.033
	財政権限	0.409	0.445	0.448	0.426	0.48	0.49
	成長率	8.47%	9.56%	12.44%	19.21%	14.76%	16.40%
貴州省	財政分権度	0.007	0.008	0.008	0.01	0.013	0.015
	財政権限	0.402	0.422	0.422	0.426	0.431	0.425
	成長率	8.74%	8.57%	13.63%	16.64%	17.03%	13.82%
雲南省	財政分権度	0.012	0.013	0.015	0.016	0.019	0.022
	財政権限	0.403	0.411	0.398	0.418	0.42	0.428
	成長率	5.16%	7.00%	9.41%	19.43%	11.74%	14.37%
西蔵自治区	財政分権度	0.003	0.003	0.004	0.003	0.005	0.005
	財政権限	0.524	0.575	0.593	0.534	0.503	0.441
	成長率	16.45%	14.89%	12.69%	17.55%	12.48%	14.07%
陝西省	財政分権度	0.009	0.01	0.01	0.013	0.016	0.02
	財政権限	0.423	0.46	0.469	0.477	0.444	0.429
	成長率	10.83%	11.61%	14.37%	22.18%	15.28%	18.82%
甘粛省	財政分権度	0.006	0.007	0.007	0.009	0.011	0.013
	財政権限	0.441	0.475	0.469	0.46	0.453	0.469
	成長率	6.22%	8.71%	13.86%	20.94%	13.87%	17.01%
青海省	財政分権度	0.003	0.003	0.003	0.003	0.004	0.005
	財政権限	0.423	0.453	0.481	0.497	0.491	0.458
	成長率	12.38%	12.19%	13.40%	18.34%	15.55%	17.00%
寧夏自治区	財政分権度	0.002	0.003	0.003	0.003	0.004	0.005
	財政権限	0.453	0.538	0.548	0.554	0.516	0.48
	成長率	12.33%	10.07%	16.35%	18.94%	11.31%	15.09%
新疆自治区	財政分権度	0.007	0.009	0.009	0.01	0.013	0.017
	財政権限	0.531	0.514	0.538	0.503	0.494	0.481
	成長率	7.77%	6.44%	16.21%	15.35%	15.62%	13.45%
全国平均	財政分権度	0.011	0.012	0.014	0.016	0.02	0.024
	財政権限	0.441	0.462	0.467	0.48	0.465	0.457
	成長率	9.24%	10.51%	14.16%	19.31%	15.91%	15.05%

(出所) 中国統計局編『中国財政統計摘要（2002から2007年）』より作成。

り，最も小さいのは山西省や河南省であった。そのため，単年度のクロスセクションでみた場合，財政分権度と財政権限は都市部で大きくなる傾向がみられると考えられる。

しかし，時系列でみた場合，財政分権度が小さかった寧夏自治区や西蔵自治区の財政権限はそれぞれ 0.453 から 0.554，0.441 から 0.593 の間を取っており，他の地域と比べても財政権限が必ずしも小さいわけではない。表6-1 から多くの地域で 2004 から 2005 年にかけて財政分権度が大きくなるのに対して，財政権限は小さくなっている。そのため，財政分権化の進捗状況を時系列で定量的に確認する場合，財政分権度と財政権限のどちらを採用するかで結果は異なってしまうであろう。

その一方で，今度は各地域における成長率（当該年と前年における地区生産の変化／当該年の地区生産）の変化を時系列で考えてみよう。西部大開発以降の 2001 から 2005 年において内蒙古自治区や河南省，山西省で成長率が高くなっており，逆に成長率が低かった地域は 2001 年における雲南省の 5.16% であった。全体的に，成長率が 2 桁になる地域は非常に多く，とりわけ 2003 から 2005 年にかけて成長率が高い地域が多かった。

ただ，どの地域においても分権化指標の高い年において，必ずしも成長率が高いわけではない。時系列でみた場合，多くの地域で財政分権度が 2001 から 2006 年にかけて大きくなる一方で，財政権限は 2001 から 2004 年までは大きくなるものの，2005 年には小さくなる傾向にある。それに対して，各地域における成長率は 2001 から 2004 年にかけて上昇傾向にあるものの，2005 年以降は下がっており，時系列での変化は不安定なものとなっている。したがって，2001 から 2004 年までは財政分権度，財政権限に関係なく，分権化指標と経済成長は正の相関関係を持っていたが，2005 年以降になると経済成長と財政権限は同じような変化を示したものの，財政分権度とは異なる変化を示している[3]。

---

3) 実際，各地域における財政分権度，あるいは財政権限と成長率との相関係数を測ると，その結果は正であるものが多かった。両方の分権化指標で負の相関係数が計

3. 財政分権化の経済成長への影響に関する先行研究

一般的に財政の分権化はオーツの分権化定理により，地方公共財の効率的な提供をもたらすだけでなく，地域間競争を促進させるものだと考えられている。結果として，効率的な地方公共財の提供は生産要素を成長部門に配分させるため，経済成長を促すことになる。理論的にも財政分権化が経済成長と正の関係にあることは，Brueckner（2006），Yushkov（2015），Besley and Coate（2003），Oates（1999），村上（2012）などによって証明されている。

具体的には，Brueckner（2006）が選好の同質性，Yushkov（2015）が市場の維持，Besley and Coate（2003）が構造的変化，Oates（1999）が政治改革の観点から，財政の分権化が経済成長に貢献するという研究結果を出している[4]。財政の分権化が起きると足による投票を通じて，地域における住民の選好が同質化するようになる。住民の選好が同質化された場合，政策が容易に行えるだけでなく，その政策効果が最大限に発揮される。その結果として，財政の分権化は経済成長を促進すると考えられる。また，市場維持の観点から財政分権化による地域間競争は地方政府の権限に対する負のインセンティブを制限するため，市場の発展に関する条件を改善させるだけでなく，最終的に経済成長を促進させる。さらに，中央集権による構造的な危機，例えば特殊な産業によって引き起こされた恒常的な負の需要ショックに直面している場合，財政分権化は潜在的な成長に良い影響を与えると考えられる。それ以外にも，財政分権化による政治改革が特定の地域だけでなく，他地域にも波及した場合，新たな経済成長が生じる可能性もある[5]。

　　測されたのは，西蔵自治区だけである。
4) Baskaran, Feld and Suhnellenbach（2014, pp. 3-20）は連邦主義と経済成長との理論的な関係をまとめており，Yushkov（2015, pp. 407-408）は過度の財政分権化がマクロ経済的な安定性と所得の再分配を損ねるという問題点も指摘している。それに対して，村上（2012, 60-72 ページ）は数式の理論的な展開から，地方分権が経済成長に貢献することを証明している。
5) Yushkov（2015），p. 407.

このように理論的に財政分権化が経済成長をもたらすという結論は，幾つかの研究で出されているが，実証的には必ずしも財政分権化が経済成長に貢献するという結果が出されていない。財政分権化が経済成長を損ねる可能性があるという実証的な結果を出した研究には，Zhang and Zou（1998），Davoodi and Zou（1998），Xie, Zou and Davoodi（1999）などがある。これらの財政分権化と経済成長との関係における実証的な結果について論争が起きている理由には，分権化指標を数量化することが困難であることが挙げられる。

分権化が歳出を効率化させるには中央の権限を委譲するという団体自治だけでなく，権限を受けた地方政府が住民のニーズに適した地方公共財を提供するという住民自治が必要となる。国から地方への権限移譲となる団体自治を数量化した指標には，地方の固有税収／地方の歳入金額で定義された財政権限が考えられる[6]。

さらに，各地方で行われる公共サービスの提供には，当該地域の独自性を反映させなければならない。実際に行われた歳出が地方の独自財源を通じて，どの程度行われているかも考慮する必要性があろう。そのため，財政分権度と財政権限を掛け合わせた分権化指標で地方の経済成長を説明する作業も重要となる。このように分権化指標には様々な要因を考慮する必要性があるものの，中国の財政分権化と経済成長との関係を実証分析した研究は財政分権度を分権化

---

[6] 財政分権化を数量化するには団体自治だけでなく，住民自治も考慮に入れなければならない。住民自治を数量化するには住民のボイスを含める必要があり，それを測るためには，選挙の投票率を加えた指標が考えられる。すなわち，住民のボイスが政治に反映されるためには，住民が投票行動を通じて，政治に対して積極的に参加しなければならない。したがって，住民の投票権が各国でどの程度認められているのかによっても，財政分権化と経済成長との関係は変わってくるかもしれない。Boex and Simatupang（2008）は選挙の投票率を踏まえて，住民の財政権限を数量化する試みを行っている。

また，選挙で選ばれた議員の任期も各国で異なるであろう。中国における各地域の財政分権化が政治的や経済的だけでなく文化的にも異なる場合，歳出面から捉えた分権化指標は必ずしも財政分権化を適切に反映していない可能性がある。選挙の投票率に関する中国の地域データが入手困難であるため，住民自治を分権化指標に考慮した分析は今後の研究課題とする。

指標に用いているものが多い。本章では中央政府から地方政府への権限委譲を考慮した財政分権化の経済成長への影響を考慮するため，地方政府に認められた財政権限だけでなく，財政分権度と財政権限を掛け合わせたものも説明変数に加えている。

4. 財政分権化の経済成長への影響に関する分析手法とデータの説明

一般的に，財政分権化と経済成長との関係を説明する実証的な分析は外部効果を取り除くため，国やアメリカの州，および中国の省レベルといった面積の大きい地域を対象にして行われる。国際データに基づく分析を行った例としては Davoodi and Zou（1998），Thießen（2003）などがあり，Xie, Zou and Davoodi（1999）ではアメリカの州データを，Yushkov（2015）ではロシアの地方政府に関するデータに基づいて，財政分権化と経済成長との関係を実証分析している。ここでは 2000 から 2006 年における中国の各地方データに基づいて分析を行っている。

経済成長に与える決定要因の研究は種々あるが，財政分権化で経済成長を説明するモデルは内生的経済成長理論に基づくものが多い。内生的経済成長理論では，一国の経済成長が物的資本と人的資本で説明される。さらに，モデルを公共部門にまで拡大すると，物的資本や人的資本だけでなく，政府支出も一国の経済成長に影響を及ぼすことになる。したがって，財政の分権化は技術進歩を通じた人的資本に影響は及ぼさないが，公共投資を通じたインフラ整備などに大きな影響を及ぼすであろう。

Barro and Martin（2004）では，1 人当たりの実質成長率を物的資本や人的資本ストックの初期水準だけでなく，政府や民間の経済主体によって選ばれるコントロール変数や環境変数で説明している。Barro and Martin（2004）が考える具体的なコントロール変数には GDP に対する政府消費や国内投資の比率，国際的な開放性や交易条件の動きがある。その一方で，環境変数には出生率や民主主義の程度などが挙げられる。実際，財政分権化で経済成長を説明する先行研究のモデルには分権化指標だけでなく，一国の所得格差やエネルギー価格指

標等を含めるものもある[7]。先行研究で考えられた経済成長の決定要因に関するモデルをまとめると表6-2のようになる。

表6-2 先行研究で考えられた財政分権化と経済成長との関係のモデル

Buser[2011]	GDP	補助金を除いた地方収入の割合(+)，その二乗(-)，補助金を除いた地方政府支出の割合(+)，その二乗(±)，平均的な地方政府収入と支出の割合(+)，その二乗(-)，補助金を除いた自主財源となる地方政府収入の割合(+)，経済的な開放性の指標(+)，2000年の労働者1人当たりの人的資本(±)，2000年の労働者1人当たりの物的資本(+)，労働者1人当たりの人的資本(+)，労働者1人当たりの物的資本(+)，GDPに対する総固定資本形成の比率(-)，中学校の入学率(+)，国内の総人口水準(+)
Jin and Zou [2005]	地方の実質GDP成長率	中央の税率(+)，地方の税率(±)，予算支出分権(-)，予算収入分権(+)，特別予算支出分権(±)，特別予算収入分権(±)，労働成長率(+)，投資率(+)，開放性(±)，ラグ付の地方のインフレ(+)
Jalil, Feridun, and Sawhney[2014]	年間のGDP変化	全体の予算支出に占める地方の予算支出の割合(+)，全体の特別予算支出に占める地方の特別予算支出の割合(+)，全体の予算収入に占める地方の予算収入の割合(+)，全体の特別予算収入に占める地方の特別予算収入の割合(+)，資本ストック(+)，貿易開放性(+)，一期のラグ付インフレ(±)
Lin and Liu [2000]	1人当たりGDP成長率	財政分権(+)，地方の予算支出の平均的な保有率(+)，1人当たりの投資成長率(+)，過去3年間の1人当たり実質的なGDPの平均(-)，総生産物に占める非国有企業の生産物の割合(+)，非農家の生産物と農家の生産物の相対価格(+)，田舎の人口の割合(+)，総人口(-)
Zhang and Zou [1998]	地方の所得成長率	地方の労働力成長率(+)，地方の投資率(+)，地方の経済開放性の度合(+)，GDPと中央の予算収入の比(±)，地方の所得と地方収入の比(±)，インフレ率(+)，分権化指標(±)，1人当たりの分権化指標(±)，1人当たりの中央の予算資質と地方の予算資質の比(±)，中央の特別予算資質と地方の特別予算資質の比(±)
Yushkov[2015]	1人当たりGRP成長率	分権化指標(±)，地方の人口成長率(-)，GRPに対する投資のシェア(+)，GRPに対する税収の割合(-)，地方の人口に占める高等教育の割合(+)，前期のインフレ指標(-)，地方の天然資源総生産の割合(+)，経済開放性(-)，ラグ付1人当たりGRPの対数(-)
Thießen[2003]	就業人口1人当たりのGDP差額の対数	1970年のGDP対数(-)，GDPと投資の比率の対数(+)，教育水準対数(-)
Davoodi and Zou [1998]	1人当たりGDP成長率	平均税率(-)，分権化指標(±)，年代ダミー(-)，人口成長率(-)，初期人的資本(-)，初期1人当たりGDP(-)，GDPに占める投資シェア(-)
Xie, Zou and Davoodi[1999]	1人当たり生産成長率	平均税率(-)，州政府の支出割合(+)，地方政府の支出割合(±)，労働成長率(±)，私的物的資本投資の対数(+)，経済開放性(+)，インフレ率(-)，エネルギー価格の対数(-)，ジニ係数(-)
Gemmell, Kneller and Sanz[2013]	年間のGDP成長率	一般的な収入比率(±)，州と地方の支出(-)，州と地方の固有収入(+)，投資比率(-)，雇用の成長率(+)

(注) GRPとは地方の経済成長率を表す。(+)は被説明変数に正の影響を及ぼすことを表している。(-)は被説明変数に負の影響を及ぼすことを表す。(±)は被説明変数に及ぼす影響が不明確であることを表す。

---

7) Barro and Martin (2004), pp. 511-541.

表6-2からGDPに対する政府消費,国内投資の比率,経済開放性,インフレ率,労働の成長率等は一国の経済成長率に正の影響を及ぼしているのがわかる。本章で考えるモデルはコブダグラス型の生産関数に基づき,地方の経済成長に与える影響の要因として,財政分権化を考えるものである。したがって,考えられる被説明変数と説明変数は時間の関数となっており,地方の経済成長は技術水準,資本,労働力人口の影響を受けている[8]。

$$y(t) = A(t)k(t)^a \phi(t)^{1-a} \qquad (0<a<1) \qquad (1)$$

(1)式において t は時間,各国における y は実質GDP,A は技術水準,k は資本,ϕ は労働力人口である。(1)式で対数を取って,t で微分することで実質GDP成長率は(2)式となる。

$$g(t) = y(t) = A(t) + \alpha k(t) + (1-a)\phi(t) \qquad (2)$$

ここで $A(t)$ には技術水準だけでなく,各地域における観測不可能な変数,例えば地域間の地理的環境や制度の違い,すなわち財政の分権化を含んでいる。また,$k(t)$ は物的資本として固定資産投資額／地区生産,人的資本投資としては教育支出額／地区生産を考えている。固定資産投資額／地区生産や教育支出額／地区生産は資本を増加させる要因であると考えられるため,これらに期待する係数の符号は正である。それ以外に,地方における労働力人口も生産性を増加させるものと考えられるため,同じように正の符号を期待している。

重要となる財政の分権化指標は,理論的には経済成長に対して正の影響を及ぼしていると考えられる。ここでは財政分権度(各地方の歳出／国と地方の歳出合計)や財政権限(地方固有の税収／財政収入)だけでなく,財政分権度と財政権限を掛け合わせた値も説明変数に加えた。これは各地方に認められた財政権

---

[8] 以下のモデルは Lin and Liu (2000, pp. 6-7) を参考にしているが,Lin and Liu (2000, pp. 6-7) では労働力人口が時間の関数になっていないのに対して,本分析ではこれを時間の関数として定義している。西部大開発以降,中国は急激な成長を遂げており,各地域における労働力人口は非常に変化していた。

126 第3部 外国財政と経済成長・財政再建

表6-3 分析の記述統計量

(単位:％)

	2000-2006年				2000-2004年			
	平均	標準偏差	最小	最大	平均	標準偏差	最小	最大
教育/地区生産	2.305	1.052	1.189	8.113	2.259	0.995	1.189	7.215
固定資産投資/地区生産	40.18	11.31	2.825	74.52	37.62	10.56	2.825	71.40
就業人口成長率	1.060	6.793	-88.96	26.83	0.442	7.748	-88.96	26.83
財政分権度	1.455	1.040	0.068	7.135	1.307	0.977	0.068	7.135
財政権限	43.85	8.644	26.96	70.99	42.48	8.717	27.44	70.99
財政分権度×財政権限	64.40	51.76	2.571	311.78	55.27	44.66	2.571	311.78
成長率	13.89	5.471	-8.103	45.37	13.26	6.023	-8.103	45.37

(出所)『中国財政統計摘要(2000から2007年)』より作成。

限に基づく歳出の程度を考慮した分権化指標が,経済成長に与える影響を分析するためである。

分析手法はパネルデータ分析であり,分析対象期間は中国の経済成長が著しかった西部大開発以降の2000から2006年である。したがって,中国経済の急速な成長により住民のニーズが多様化した結果,財政が分権化した可能性がある。財政分権化と経済成長との関係を分析する際に注意しなければならないのは,財政分権化と経済成長との間にある内生性の問題である。この問題を解決するため,本分析の説明変数は被説明変数となる地方の経済成長率より1年前のデータを利用している。地方の経済成長率は当該年と前年における地区生産の差額と当該年の地区生産の比で定義して,データを算出している。同じような作業は就業人口の成長率を算出する際にも行った。

また,本分析は2000から2006年のみならず,2000から2004年も分析対象にして中国の財政分権制と経済成長との関係を分析している。その理由は表6-1にも示したように,2004から2005年にかけて中国の経済成長率と分権化指標との関係が不安定なためである。財政分権化と経済成長との関係が不安定であった期間を含めてしまうと,分析の結果にバイアスが加わってしまい,それをコントロールする新たなダミー変数の導入が必要となる。ここではより精緻な分析結果を得るため,データ期間を2000から2006年と2000から2004年の2つに分けて分析を行っている。表6-3には分析に利用した記述統計量がま

5. 中国の財政分権制と経済成長との関係に関する実証分析の結果

表6-4には中国の財政分権制の経済成長への影響に関する分析結果がまとめてある[9]。①から④式のモデルは分権化指標をそれぞれ変えて分析を行っている。初めに，経済成長と財政分権化の関係が不安定な2004から2005年のデータを含む分析結果について考えてみよう。表6-4の①から③のモデルにおける

表6-4 中国の財政分権制の経済成長への影響

2000-2006年	①		②		③		④	
	係数	標準誤差	係数	標準誤差	係数	標準誤差	係数	標準誤差
定数	2.278	1.654	-8.851***	3.086	2.504	1.547	-0.475	2.222
教育/地区生産	-0.529	0.509	1.037	1.394	-0.449	0.506	-0.561	0.517
固定資産投資/地区生産	0.273***	0.040	0.292***	0.050	0.260***	0.040	0.249***	0.042
就業人口成長率	0.022	0.049	0.020	0.049	0.010	0.048	0.008	0.049
財政分権度	1.273***	0.400					1.176***	0.407
財政権限			0.196***	0.082			0.090	0.050
財政分権度×財政権限					0.030***	0.008		
	変量効果		固定効果		変量効果		変量効果	
サンプル数	217		217		217		217	
決定係数	0.225		0.136		0.233		0.227	
2000-2004年	①		②		③		④	
	係数	標準誤差	係数	標準誤差	係数	標準誤差	係数	標準誤差
定数	-2.505	2.186	-15.18***	3.786	-14.22***	3.188	-19.25***	3.838
教育/地区生産	-0.528	0.688	-1.339	2.334	2.435	1.580	-0.489	2.257
固定資産投資/地区生産	0.383***	0.058	0.532***	0.082	0.468***	0.077	0.493***	0.080
就業人口成長率	0.029	0.053	0.019	0.054	0.020	0.050	0.015	0.052
財政分権度	1.952***	0.522					2.178***	0.656
財政権限			0.269**	0.126			0.287***	0.121
財政分権度×財政権限					0.079***	0.016		
	変量効果		固定効果		固定効果		固定効果	
サンプル数	155		155		155		155	
決定係数	0.266		0.228		0.255		0.277	

(注) *** は1％有意水準を満たす，** は5％有意水準を満たす，* は10％有意水準を満たす。
(出所) 表6-3と同じ。

---

9) ここでは被説明変数に地区生産の成長率を使っているが，実際には1人当たり地区生産の成長率を使った分析も行っている。もっとも，その分析結果は表6-4のものと比べて良好なものは得られなかった。

分析結果に基づくと，財政分権度，財政権限，およびこれらを掛け合わせた分権化指標は，経済成長に対して正の影響を及ぼしていることがわかる。

重要なのは財政分権度と財政権限のどちらが経済成長に強い影響を及ぼしているかである。④のモデルでは財政分権度と財政権限を同時に説明変数として加えてみたが，財政分権度は正で有意となったものの，財政権限は有意な符号が得られなかった。それゆえ，財政分権度は財政権限より経済成長に及ぼす効果は強いものと思われる。西部大開発以降，中国の経済成長が鈍くなった2004年以降を分析対象に含めてしまうと，財政分権化が必ずしも経済成長に貢献していたとはいえない側面がある。

次に，中国の財政分権制と経済成長との関係が明らかであった2000から2004年のデータに基づく分析結果について考えてみよう。重要となる分権化指標はすべてのモデルで経済成長に正で有意の影響を及ぼしており，中国の財政分権制が経済成長に貢献していたものと考えられる。特に2000から2006年のデータに基づく分析結果と違って，④のモデルでも財政分権度と財政権限は正で有意の符号が得られた。このように西部大開発の影響を受けて，中国が経済成長段階にあった期間では，財政の分権化が中国経済に有効な政策であったと考えられる。

さらに，それ以外の説明変数が地方の経済成長に及ぼす影響を考えてみよう。教育／地区生産については正の符号を期待していたが，実際には負の符号が計測されてしまうか，あるいは期待通りの符号が得られたとしても，有意水準を満たしていなかった[10]。それに対して，固定資産投資／地区生産は，期待通り正で有意の符号が得られている。したがって，地方経済のインフラ整備を充実させることは，中国の経済成長を高める効果があると思われる。

ただ，就業人口の成長率は期待通り正の符号は得られたものの，有意な係数

---

10) ここでは単なる量的な教育支出のみを説明変数に加えており，実際には質的な教育水準が中国経済に影響を及ぼしている可能性はあるかもしれない。例えば，Barro and Martin（2004, pp. 515-541）では質的な教育水準の代理変数として，男性や女性の高等教育，男性の初等教育や大学教育等を説明変数に使っている。

は得られなかった。このことは2000年西部大開発以降における中国の経済成長が，国内の労働力人口増加で引き起こされたのではなく，海外からの企業誘致に伴う労働力人口の流入による影響を受けているためであると推測している。

6. おわりに

　財政の分権化はオーツの分権化定理により歳出を効率化させるだけでなく，地方政府が限られた財政収入を住民に必要な公共サービスの提供やインフラ整備に投入することから，経済成長に寄与するものと考えられてきた。そのうえで重要なのは，財政分権化は単なる国から地方への財源の移譲だけでなく，地方政府に認められる財政権限も移譲することである。結果として，財政分権化と経済成長との関係に関する分析がこれまで盛んに行われてきた。とりわけ，中国は2000年の西部大開発以降，地方経済が飛躍的な成長を遂げており，財政分権化と経済成長との関係を説明するには非常に適していると考えられる。

　従来の中国における財政分権化と経済成長に関する研究は，Zhang and Zou (1998)，Lin and Liu (2000)，Jalil, Feridun and Sawhney (2014)，Jin and Zou (2005) などを中心に行われてきたが，これらの研究は知る限りだと，主に一般予算における歳入や歳出，あるいは予算外の歳入や歳出を使った分権化指標を使っている。そのため，地方独自の財源に伴う歳出が経済成長にどの程度貢献してきたかを説明していないかもしれない。中国の財政分権制と経済成長との関係を正確に説明するためには，財源と同時に中国の地方政府に与えられた財政権限を適切に反映した分権化指標を使わなければならない。

　それ以外にも，財政分権化の経済成長への影響を考える分析を行う場合，各地方の公共サービスの提供やインフラ整備に及ぼす外部性も考慮する必要性がある。そのため，従来の先行研究では国際データやアメリカ，ロシア，中国などの国土面積が大きい国の地方データを利用してきた。

　本章では外部性を取り除くため，中国の各地方データに基づく財政分権制の経済成長への影響を実証分析してみた。データは2000年の西部大開発以降か

ら集めており，その理由として，中国の各地方が2000年以降において飛躍的な経済成長を遂げたことが挙げられる。また，分権化指標では財政分権度，すなわち各地方の歳出／国と地方の歳出合計だけでなく，財政権限（各地方で集められた固有の地方税／財政収入）も考慮に入れて，中国における財政分権制の経済成長への影響を分析した。また，実際に行われた各地方の歳出が当該地域の独自性をどの程度反映しているのかを考えるために，財政分権度と財政権限を掛け合わせた分権化指標を利用した分析も行っている。

初めに2001から2006年における各地方の財政分権度や財政権限，および経済成長の推移をみた。結果として，2001から2004年にかけて明らかに財政分権度と財政権限は経済成長と同じ推移を示したが，2004年以降になると地方経済は停滞する一方で，財政分権度は大きくなっていた。そのため，実証分析は2000から2006年までの財政分権化と経済成長との関係が不安定であった期間を含むデータと，2000から2004年までの財政分権化と経済成長との関係が明らかであった期間のデータに基づくものとに分けて行った。

実証分析の結果，財政分権度と財政権限はどちらも正で有意の係数が得られており，2000年の西部大開発以降における財政分権制は経済成長に貢献するということがわかった。これは財政分権度と財政権限を掛け合わしたものを説明変数に加えても，同じようなことがいえる。ただ2000から2006年を分析対象にした場合，財政分権度は正で有意となったものの，財政権限は正で有意の符号が得られなかった。

その一方で，2000から2004年の財政分権度と経済成長が同じ変化を示していた期間を分析対象にした場合，財政分権度と財政権限の両方が中国の経済成長に正の影響を及ぼしていることがわかった。それゆえ，本分析の結果が正確であるとすると，明らかな中国の経済成長段階においては，中国の財政分権制は経済に好影響を与えていたが，成長が停滞している段階では，財政分権制が必ずしも中国経済に好影響を及ぼしているとはいえないかもしれない。

しかし，本分析にも幾つかの課題を抱えているのも事実である。1つは，西部大開発の効果を考えるためには，西部大開発以降のデータだけでなく，それ

以前のデータを集めての分析も必要となってくる。また，本章で考えた中国の財政分権制の経済成長への影響に関する分析は，幾つかの重要となる説明変数を取り除いている可能性がある。今後は先行研究で考えられた説明変数となる最終消費／地方の生産，インフレ率，経済開放性等も分析に加える必要性があろう。

参 考 文 献

村上裕太郎（2012）「地方分権化が経済厚生および経済成長率に与える影響」齋藤愼編『地方分権化への挑戦―「新しい公共」の経済分析―』大阪大学出版会。

R. J. バロー，X. サラ＝イ＝マーティン（2006）大住圭介訳『内生的経済成長論Ⅰ・Ⅱ』九州大学出版会。

Baskaran, T., Feld, L. and Suhnellenbach, J. (2014), "Fiscal federalism, decentralization and economic growth: Survey and meta-analysis", *CESifo Working Paper*, No. 4985, pp. 1-55.

Barro, R. J. and X. S. Martin (2004), *ECONOMIC GROWTH, Second edition*, Massachusetts Institute of Technology.

Besley, T. and S. Coate (2003), "Centralized versus decentralized provision of local public goods: A political economy approach" *Journal of Public Economics*, Vol. 87, No. 12, pp. 2611-2637.

Boex, J. and R. R. Simatupang (2008), "Fiscal Decentralization and Empowerment: Evolving Concepts Alterrnative Measures", *Fiscal Studies*, Vol. 29, No. 4, pp. 435-465.

Brueckner, J. (2006), "Fiscal federalism and economic growth" *Journal of Public Economics*, Vol. 90, No. 10-11, pp. 2017-2120.

Buser, W. (2011), "The Impact of Fiscal Decentralization on Economics Performance in High-Income OECD Nations: an Institutional approach", *Public Choice*, Vol. 149, pp. 31-48.

Davoodi, H. and H. Zou (1998), "Fiscal Decentralization and Economic Growth: A Cross-Country Study", *Journal of Urban Economics*, Vol. 43, No. 2, pp. 244-257.

Gemmell, N., Kneller, R. and I. Sanz (2013), "Fiscal Decentralization and Economic Growth: Spending Versus Revenue Decentralization", *Economic Inquiry*, Vol. 51, No. 4, pp. 1915-1931.

Jalil, A., Feridun, M. and B. L. Sawhney (2014), "Growth Effects of Fiscal Decentralization: Empirical Evidence from China's Provinces", *Emerging Markets Finance and Trade*, Vol. 50, No. 4, pp. 176-195.

Jin, J. and H. Zou (2005), "Fiscal Decentralization, Revenue and Expenditure Assignments, and Growth in China", *Journal of Asian Economics*, Vol. 16, pp. 1047-1064.

Lin, J. Y. and Z. Liu (2000), "Fiscal Decentralization and Economic Growth in China",

Economic Development and Cultural Change, Vol. 49, No. 1, pp. 1-21.

Oates, W. (1999), " An essay on fiscal federalism" *Journal of Economic Literature*, Vol. 37, No. 3, pp. 1120-1149.

Thießen, U. (2003), "Fiscal Decentralisation and Economic Growth in High -Income OECD Countries", *Fiscal Studies* ,Vol. 24, No. 3, pp. 237-274.

Xie, D., Zou H. and H. Davoodi (1999), "Fiscal Decentralization and Economic Growth in the United States", *Journal of Urban Economics*, Vol. 45, No. 2, pp. 228-239.

Yushkov, A. (2015), "Fiscal Decentralization and Regional Economic Growth: Theory, Empirics, and the Russian Experience" *Russian Journal of Economics* , Vol. 1, pp. 404-418.

Zhang, T. and H. Zou (1998), "Fiscal Decentralization, Public Spending, and Economic Growth in China", *Journal of Public Economics*, Vol. 67, pp. 221-240.

第 7 章

カナダの租税政策と税制改革
—— カーター委員会報告から 2000 年税制改革まで ——

広 瀬 義 朗

1. はじめに

　本章の目的は，1960 年代のカーター委員会報告から 2000 年税制改革までを中心に，カナダの租税政策と税制改革を論じることである。カナダの主要な税制改革は，カーター委員会報告の勧告を皮切りに，1970 年代から 1980 年代にかけて 2000 年代にも行われた。カナダの租税・税制改革の解明は，経済成長や租税収入との関連から当時の時代背景を知る手がかりとなる。

　また租税政策と税制改革は，景気動向によっても左右される。2 度のオイルショックは，経済の見通しを不確実にし，経済成長の伸びを鈍化させた。経済成長率の低下は，租税政策と税制改革にどのような影響を与えたのか。低成長下での社会の成熟化と高齢化は，税収減と支出の拡大につながり，財政赤字は拡大する一方である。

　本章では，カナダの租税政策と税制改革を概観しつつ，財政赤字削減プログラムが本格化する 1980 年代以降の財政赤字削減過程を明らかにする。

　構成は，以下の通りである。第 2 節では，マクロ的な主要経済指標を使ってオイルショック後のカナダ経済全体を概観する。第 3 節では，カーター委員会報告および 1970 年代の税制改革を簡潔に述べる。第 4 節では，1980 年代の税制改革を，第 5 節では財政再建過程を，第 6 節では財政再建後の 2000 年税制

改革についてそれぞれ述べる。第7節では，租税政策と税制改革を評価する。

2. 先行研究とマクロ経済指標分析

2-1 先行研究

先行研究には，Perry（1989），岩崎（2002）等々がある。Perry（1989）は，カナダ税財政研究の第一人者である。ただしPerry（1989）の研究は，1987年税制改革の分析を中心としており，1990年代後半の税財政に多く触れているわけではない。岩崎（2002）は1980年代から1990年代にかけての財政再建過程を論じており，非常に優れた研究である。ただし，行政学からのアプローチで財政からの視点ではない。同時期の財政再建については，広瀬（2012）が論じているものの，経済成長と財政再建の関連性を論じている論文ではない。2000年の税制改革に関しては，小幅な改正ということもあり，十分な先行研究が見当たらないのが現状である。

2-2 マクロ経済指標分析

カナダは戦後，他の先進諸国と同様に比較的高い経済成長を達成した。しかし，2度のオイルショック後，状況は異なってくる。図7-1は，1980年度から2015年度にかけてのカナダの名目GDP成長率の推移を表している。図7-1の全体的な傾向として，緩やかに成長率は低下しているのがわかる。1991年度の大幅な成長率の低下は，カナダの大不況期に相当し，2000年度から2001年度にかけての急激な成長率の低下は，アメリカのITバブル崩壊の影響ではないか。2009年度のそれは，リーマンショックの影響による。このように考えると，カナダ経済は隣国アメリカ経済の影響を受けやすい国の1つであるといえる。

一方で，1980年代には2度（1983年度から1985年度，1987年度から1989年度）10％に迫るほどの高い成長率を達成しており，2000年代の初頭もそうである。その理由として，前者はカナダ国内の内需拡大，後者はアメリカとのFTAの締結の影響[1]と考えられる。成長率は低下しているものの，1980年代以降のカ

図 7-1　GDP 成長率（名目）の推移，1980-2015 年度

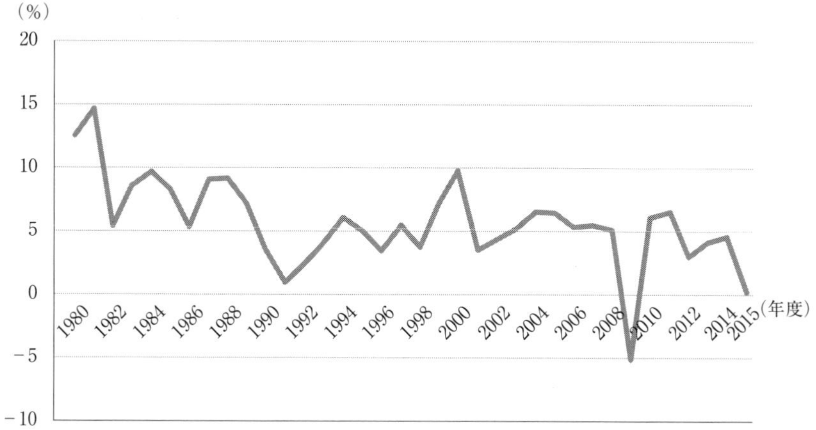

(出所) http://stats.oecd.org/Index.aspx?DatasetCode=SNA_TABLE1 より作成。

ナダの名目 GDP 成長率は 5％程度を記録したのである。

　経済情勢の変化は，成長率のみならず失業率の動向にも影響を与える。ここで，失業率に着目する。図 7-2 は，1980 年度から 2015 年度にかけてのカナダの失業率の推移を表している。全体のトレンドとして，図 7-2 は，図 7-1 の名目 GDP と同様に右肩下がり，すなわち低下傾向を示している。図 7-1 の名目 GDP と図 7-2 を比較すると，GDP 成長率の高かった 1983 年度から 1985 年度にかけて，10％以上の高い失業率であったことがわかる。図 7-1 で確認した 1992 年度は，カナダの大不況期にあり，その前後は 1980 年代と同様に高い失業率であった。

　また 2008 年に発生したリーマンショックは，図 7-1 の成長率では大幅低下であったのに対して，失業率の場合にはそれほど数値の悪化として表れずに数％の上昇にとどまった。要するに，カナダにおけるリーマンショックの影響は失業率でみた場合，それほど大きくなかったといえよう。

　図 7-1 の名目 GDP と図 7-2 の失業率の相関性は，一部でみられたものの，

---

1)　Boskin (2014), p. 9.

特にリーマンショック時の 2000 年代後半において大いに一致するとはいえなかった。次に，図 7-1 の名目 GDP と租税収入の相関性はどうであろうか。図 7-3 は，1980 年度から 2015 年度にかけてのカナダ連邦政府租税収入の対 GDP

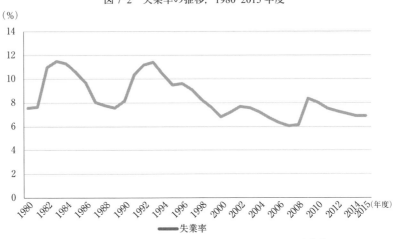

図 7-2　失業率の推移，1980-2015 年度

（出所）http://stats.oecd.org/Index.aspx?DatasetCode=SNA_TABLE1 より作成。

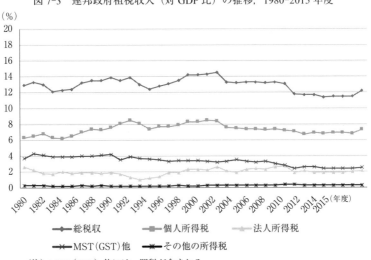

図 7-3　連邦政府租税収入（対 GDP 比）の推移，1980-2015 年度

（注）MST（GST）他には，関税が含まれる。
（出所）Department of Finance Canada (2017), p. 12 より作成。

の推移を表している。図7-3の総税収の推移をみると，図7-1の名目GDPとある程度連動しているようにもみえる。図7-1の名目GDPと連邦政府の中で，最大の割合を占める個人所得税もそうである。ただし同じ直接税である法人所得税をみると，1990年代初頭に減収となっており，図7-1の名目GDPや個人所得税と異なる動きである。

以上，簡潔にマクロ的な主要経済指標を使ってオイルショック後のカナダ経済全体を概観した。次に，カーター委員会報告および1970年代の税制改革についてGovernment of Canada (2000) の見解を中心に述べよう。

3. カーター委員会報告および1970年代の税制改革

Government of Canada (2000) によれば，戦後のカナダ税制においてカーター委員会報告は欠かせないものである，という。公平性は包括的な課税ベースの適用を必要とし，すべて追加的な富を含むからである。すなわちこれは，垂直的公平性のことである。カーター委員会報告では，主に以下の①から④について力点を置いた。まず，①「垂直的公平性」を最重要視した。垂直的公平性は，最高所得限界税率50％の累進所得課税で最も達成できるといい，水平的公平性は税制の重要な一部分にすべきとする。また納税は，人々によってなされるのであって，企業ではないという。これは，法人利益の二重課税を避けるための個人所得税と法人所得税の完全統合と呼ばれるものであり，カーター委員会報告では包括的所得税理論の立場から②「個人所得税と法人所得税の完全統合」を提唱した。

さらにカーター委員会報告では，課税単位にも言及し，③「個人よりも家族」を推奨した。というのも，家族単位の方が個人よりも安定した経済状況を計れるからという。また毎年度の所得では課税の際に時間的なインターバルが含まれ完全ではないので，5年間の平均所得が望ましいとする。またカーター委員会報告では製造業者売上税にも触れており，当時のジョン・ディフェンベーカー進歩保守党政権は税制改革の第2段階で一部付加価値税（VAT）と異なるものかあるいは国税売上税を検討している。カーター委員会報告はむしろ，

④「州ごとに管理された小売売上税」を最も効率的なものとみなしている[2]。

次に，1970年代の税制改革について述べる。主要な変更は，以下①から③の内容である。カーター委員会報告の中で勧告されたのが，「キャピタル・ゲインの全額課税」である。しかし，最終的に①キャピタル・ゲインは課税所得の1/2のみの課税に留まってしまう。配当グロスアップおよび配当税額控除システムの改良で，個人所得税と法人所得税の統合に向けての動きがあった。②連邦の最高所得限界税率は，それまで最大の80%から引き下げられ，平均すると最高限界税率のおよそ6割に相当する47%にまで引き下げられた。

1970年代の主要な変化は，③「個人所得税制の完全物価スライド制」である。所得税率区分（タックスブラケット）および主要な控除はタイムラグがあろうとも完全にインフレ率に対して物価にスライドされるという。インフレーションとりわけ高いインフレ率の場合，たとえ納税者の実質所得は変わらなかったとしても，納税者が高い所得税率区分に押し上げられることで，納税者の実質所得税負担は増大する。「ブラケットクリープ」として知られるこの現象の影響は，低所得者に多く申し渡された。というのも，所得限界課税が最も早く適用されるのは，低所得者層だからである[3]。

Government of Canada（2000）には，次のような完全物価スライド制に関する記述がある。「個人所得税制の完全物価スライド制は，1人当たり実質所得の伸びがなかった場合（個人所得課税ベースの代替として）GDPの継続的な増加に寄与するであろう。しかし，GDPに占める個人所得税の割合は，1975年度から1980年度にかけて実質的には低下した。この税収減につながる他の変更は，以下の投資所得に対するおよび年金所得に対する1000ドルの控除，ホームオーナーに対する登録貯蓄制度（RHOSP）の導入，個人事業主向けの登録退職年金計画保険（RRSPs）の租税等に関する控除の拡大を含んだからである。この間政府はまた，低所得者の納税を取り除こうと，税額控除減税（a tax reduction credit）を導入し，拡大したのである」[4]。

---

2) Government of Canada（2000），pp. 4-5.
3) Government of Canada（2000），p. 5.

4. 1980年代の税制改革

1986年6月，財務大臣ミッシェル・ウィルソンは，税制改革による白書を公表した。税制改革過程は，綿密に2つの段階を経るものであった。改革は，2段階あり，それは第1段階では所得税改革であり，第2段階では売上税改革である。以下では，Government of Canada（2000）の見解を述べる。

所得税改革とりわけ個人所得税には2つあり，①所得税率区分を10から3へ減らすことと，②多数の所得控除を還付のない税額控除へ転換することである。3つ目を加えるとすれば，③最高所得限界税率の引下げもそうである。

法人所得税では限界標準税率を引き下げ，多数の租税優遇措置を廃止することで課税ベースが拡大された。税制改革の初期段階では，個人所得税から法人所得税および売上税に重点が移った。税制改革白書によると，個人所得税収は1988年度から1992年度の4年間で103億ドルの減少に対して，同時期の法人所得税収は38億5000万ドル，売上税収は47億9000万ドルの税収増を見込む。売上税は，1度GSTを改良すれば，税収は維持されるとする。この間図7-1および図7-3と照らし合わせると，個人所得税収は増加し，法人所得税は減少しているようにみえる。

GSTの導入は，初めのうち個人所得税を収入のツールとしての動きから遠ざけるものとして考えられた。第1段階の改革は，上で述べた所得税率を17％，26％，29％の3つにすることである。所得税制改革の第2段階で，3％ポイント同じ程度に税率を引き下げることから，1989年8月のGSTに関するテクニカルペーパーで提案されたのは，中間層に対する所得税率（26％）を1％ポイントずつ引き下げることである。2000年度予算において，2000年7月

---

4) *Ibid.* Government of Canada（2000）では，主要変更上記3点が述べられているが，これに筆者がもう一点つけ加えるとすれば，④贈与税および遺産税の廃止である。これは，1971年のベンソンの税制改革で表明され，翌年に廃止された。理由は，贈与・遺産時においてキャピタル・ゲインのみなし実現と抱き合わせで行われたからである。篠原（2009），132-151ページ，広瀬（2012），92-93ページを参照されたい。

1日に中間層に対する所得税率26%は最終的に2%引き下げられた。この税率は，さらにこの先5年かけて23%に引き下げられる。1985年の初めに，連邦予算の中で税制改革プロセスとは別に個人所得付加税が導入され，予算が増大した。これらの付加税は，所得税制改革の第2段階で取り除かれたが，取り除かれたのは1998年度予算のみであった。5%の所得付加税はこの先5年かけて取り除かれることになった。3%の所得付加税は1999年度予算で完全に廃止されたが，5%の高い税率の所得付加税はいまだに存続し，2000年連邦予算で5%の所得付加税課税最低限は6万5000ドルからおよそ8万5000ドルまでに引き上げられた。

　GSTは，税制改革の第2段階で示される。政府は，当初9%の税率を構想したが，下院財政委員会の勧告を受けた後に7%の税率を選択した。カナダの変形GSTは，一部のヨーロッパのVATと完全に同一でないものであり，連邦は課税ベースが広く，控除およびゼロ税率適用財の限定した，簡素なニュージーランドのものを選択しなかった。

　税制改革として通例の観点でなく，1980年代の1つの税制の変化は，④「3%以下のインフレ率に対して所得税率区分や税額控除の完全物価スライド制に制限を設ける決定を下したこと」である。これは，表面上の赤字削減政策となった。この完全物価スライド制の一部見直しは，非中立性の要素を個人所得税制の仕組みに組み込んだ1970年代のまさに残存部分に対して行われるのである。

　ブライアン・マルルーニー首相の進歩保守党政権は，1984年に第1次政権に就いて以降，政府を悩ませた課題，要するに財政赤字をコントロールしそれを減らす要求を自主的に達成できなかった。完全物価スライド制の廃止，あらゆる付加税の導入，売上税および物品税の税率引上げはすべて，この政策の典型例である。実際，GSTに関しては，一部のコメンテーターによって新たな集金マシンと称され，赤字削減のための必要なツールとして政府によってみられていた[5]。

5. 財政再建プロセス

　第4節で述べたように，1980年代の税制改革は，所得税改革と売上税改革にあり，個人所得税から法人所得税および売上税へのシフトが示された。しかし，図7-3の連邦政府租税収入の推移をみると，1993年度以降の景気回復後に個人所得税収や法人所得税収は緩やかに増加しているのに対して，売上税たるMST（1991年度からGST）はそれほど増収とはなっていない。そのように考えると，1980年代の売上税改革よりも，所得税改革は景気の回復の影響もあるが税収増に結びついたのである。個人所得税では，先に述べた所得控除から税額控除へ転換し，完全物価スライド制の一部に制限を加え，法人所得税では多数の租税優遇措置の廃止による課税ベースの拡大等々が功を奏し，税収増に寄与したのである。

　ところで，1980年代末の好景気から一転し，1990年代初頭を底にカナダ経済は悪化の一途を辿っていた[6]。そこで1980年代から1990年代前半にかけて所得税と売上税の税制改革を行ったマルルーニーは2つの改革により税収増の足がかりをつけたものの，高齢化等による社会保障関連支出の拡大を抑制することはできなかった[7]。

　そこで1993年から政権を担当するジャン・クレテェエンが財政再建に向けて本格的に始動する。クレテェエン自由党政権が採った財政再建プロセスは，以下のようなものである。マルルーニー前政権の残した財政赤字は対GDP比5.9%，420億ドルと巨額であった[8]。新政権発足後，1994年度に初の連邦予算が組まれたが，早速中道左派政権でありながら「大きな政府から小さな政府」への転換，まさに福祉国家財政の再編が加速する。予算額はGDPの16%程度と，ここ数年ではかなりの落ち込みであり，大きく変更されたのは家族手

---

5) Government of Canada（2000），p. 6.
6) 1992年度の財政収支は，およそ400万ドルの赤字であった。広瀬（2012），97ページ。
7) 広瀬（2012），95ページ。
8) 岩崎（2002），7ページ。

当,還付付き児童税額控除,還付のない児童税額控除であり,この3つがCTB (Child Tax Benefit:児童税額給付) の一括りにされたのである。この改革は,政策支出を租税支出に変更したため,費用がかかり一時的に収入減に陥ったが,CTB は家計の所得によって決定される。そのため,全体の費用は経済状況に敏感に反応する。上2つの児童関連プログラムには重複部分があり,その重複部分を除くと2年間で250億ドル削減できたのである[9]。

　1995年度予算は,1214億ドルと1990年度に比べ7%も増えた。法人所得税収の36%減,売上税収や関税収入が7%減になる中で,個人所得税収はここ3年間で12%増え583億ドルにまで増大した。経済の回復とともに,失業保険からの保険料収入が63%にまで伸び,連邦収入の2番目に多い収入源になった。GST は,数年で失業保険に追いつくと見込まれる。個人所得税は,継続して増加している。予算額は,GDP の16.7%から16.9%程度と予想する。

　クレティエンは,ありとあらゆるものを課税対象として税収増を考えた。例えば,揮発油およびタバコ税収は6500万ドル増やし5億ドルを見込み,大企業課税および法人付加税 (The large corporations tax and the cooperate surtax) は増加し,特別一時資本課税 (a special, temporary capital tax) は大口預金を持つ金融機関に対して課税し,金融機関の創設に対する課税は2年で1億ドルの増収を見込み,大企業課税および法人付加税では年2億5000万ドルの収入を見込む。

　またクレティエンは,1993年の選挙で GST の廃止を訴えた。政権に就いた後も GST を廃止することはなかったが,1994年4月に GST に代えて連邦-州単一の VAT,企業移転税,製造業者売上税構想の3つの選択肢を持っていたのである[10]。

6. 2000年税制改革

　2000年税制改革では,主に下記①から⑤の内容について取り上げる。納税者は1987年税制改革以来,租税政策の最も大きな構造変化をもたらした2000

---

9) Government of Canada (2000), pp. 13-14.
10) Chrétien (2008), p. 77.

年予算の大幅な減税で便益を受ける。財務相は，向こう5年間で①約580億ドル分の減税，主に「個人所得税に関する5か年計画」を示す機会を得た。

最大の施策は，2000年1月に実行される②「所得税率区分および基礎控除に対する完全物価スライド制の復活」である。この施策はまた，CTBや還付付きGST税額控除にまで拡大される。

③中間層に対する所得税率は，第4節で述べたように2000年7月1日から26％から24％へ引き下げられる。また税率5％の付加税の所得最低限度額は，約8万5000ドルにまで引き上げられる。5％の付加税は，2004年前にすべて廃止されるのではない。RRSPsおよび年金調整額，給与所得者向けの登録年金計画保険（RPPs）の保険料率を2000年度に25％に，2001年度に30％とすることが許可された。

法人税に関して，④向こう5年間で法人税の標準税率は2001年1月1日に27％と1％ポイント引き下げられることを皮きりに，28％から21％に引き下げる予定である。

他の主要な手始めは，⑤キャピタル・ゲインの課税割合を75％(3/4)から66％(2/3)に引き下げ，2000年2月27日以後実現した資本の譲渡（capital dispositions）から実施する。

課税の負担を和らげるために，従業員のもつ公的企業株式のストックオプションの利得に対しては，株が売却された際に課税される。

2000年に減税が実施されると，結果として税収は減収を見込み，予算上の収入はGDPの16.2％にまで落ち込む。もし目下，好調な経済状況が継続すれば，GDPに対する公的債務比率は2004年度までに50％に下がり，公的債務の削減目標は達成できよう[11]。

7. 租税政策と税制改革の評価——カーター委員会報告からの後退

1967年に公表されたカーター委員会報告では，垂直的公平性を達成し，最

---

11) Government of Canada (2000), pp. 20-21.

高所得限界税率50%程度を目安とする勧告を出した。この2つの点に関して，2000年税制改革までは，この条件を一定程度クリアしたと考えられる。

一方で，カーター委員会報告では，包括的所得税理論に立脚した個人所得税と法人所得税の完全統合を勧告したが，これはいまだに実現されていない。課税単位も家族を提唱したが，個人のまま変更されず，製造業者売上税に代えて州小売売上税の創設も唱えたが，1991年に連邦レベルでGSTが導入される。キャピタル・ゲインの全額課税を提唱し，それを受けて1970年代の税制改革，1971年ベンソンの改革で非課税から課税所得の1/2に課税されることになり，1980年代の税制改革，1987年ウィルソンの改革では課税所得1/2（50%）から3/4（75%）の割合へ前進し全額課税に近づいたものの，2000年の税制改革では3/4（75%）から2/3（66%）と課税所得の割合低下へ後退する。全体を通してみると，連邦と州の税制はカーター委員会報告の結論に反して，異なる方向へ進んでしまったのは明らかなのである[12]。

8. おわりに

本章では，カーター委員会報告から2000年税制改革まで，およそ30年にわたるカナダの租税政策と税制改革を検討した。その中でマクロ的な指標を用いて名目GDPと失業率の相関，名目GDPと連邦の租税収入との相関を考察した。そこで明らかにされたのは，名目GDPと失業率の相関は弱く，名目GDPと連邦の租税収入とりわけ個人所得税の相関は強くみられたといえよう。

次に，カーター委員会報告から始まる一連の勧告や税制改革は，その時代背景に沿ったものであった。キャピタル・ゲインの全額課税や最高所得限界税率50%程度などがそうである。資産性の所得に対する課税強化や所得税の累進性の強化よりも緩和，直接税から間接税へのシフト等々がその時代のトレンドといえる。ただし高齢化等の支出増や景気の悪化等々から財政赤字に陥った場合には，課税強化と同時に歳出削減のプロセスが選択され，優先された。他方，

---

12) Government of Canada (2000), p. 5.

財政収支の改善，プライマリー・バランスの黒字化が達成された1997年度以降，2000年税制改革では，それらの恩恵を受けて所得税減税および法人所得税率の引下げ，完全物価スライド制の復活等々，国民に対する「配当もしくは還元が行われた」のである。

　これらカナダの経済・税財政改革は，経済成長と財政再建，減税という好循環をもたらし，経済成長の土壌プロセスを広げたに違いないのである。

参　考　文　献

岩崎美紀子（2002）『行政改革と財政再建―カナダはなぜ改革に成功したのか―』御茶の水書房．
篠原正博（2009）『住宅税制論―持ち家に対する税の研究』中央大学出版部．
広瀬義朗（2009）「カナダの所得税改革― 1980年代の改革後の租税負担構造の変化―」（『カナダ研究年報』第29号）17-32ページ．
広瀬義朗（2012）「カナダ福祉国家財政の再編―連邦の財政政策を中心に―」（『国際公共経済学会』第23号）91-102ページ．
Boskin, Michael J (2014), NAFTA at 20 –The North American Free Trade Agreement's Achievements and Challenges, Hoover Institution Press.
Brenda O'Neill and Melanee Thomas (2016), "Because It's 2015"：Gender and 2015 Federal Election", Pammett and Dornan ed, The Canadian Federal Election of 2015, Dundurn.
Chrétien, Jean (2008), My Years As Prime Minister, Vintage Canada.
Clarke, Harold D.et al. (2016), "It's spring Again！, Voting the 2015 Federal Election", Pammett and Dornan ed., The Canadian Federal Election of 2015, Dundurn.
Days, Michael I. (2016), Obama's Legacy- What he accomplished as President-, Hachette Book Group, Inc.
Department of Finance Canada (1987), The White Paper Tax Reform 1987.
Department of Finance Canada (2017), Fiscal Reference Tables.
Dornan, Christopher (2016), "The Long Goodbye: The Contours of the Election", Pammett and Dornan ed., The Canadian Federal Election of 2015, Dundurn.
Fuller, Colleen (2015), "Health Care: A Public Right or a Private Option", Finn ed., Canada after Harper, James Lorimer & Company Ltd, pp. 175-192.
Government of Canada (2000), Federal Revenues: Changing Trends and the Quest for Tax Reform.
Hennessy, Trish (2015), "Tax Cuts, Part of the Problem, Not the Solution", Finn ed., Canada after Harper, James Lorimer & Company Ltd, pp. 159-171.
Himelfarb, Alex and Jordon Himelfarb ed. (2013), Tax is not a four letter world –A different take on taxes in Canada–, Wilfrid Laurier University Press.

Himelfarb, Alex (2015), "Taxes, Austerity, and What Trickle Down", Finn ed., *Canada after Harper*, James Lorimer & Company Ltd, pp. 347-360.

Jackson, Andrew (2015), "The Economy: Whose Interests Are Being Served", Finn ed., *Canada after Harper*, James Lorimer & Company Ltd, pp. 95-112.

Martin, Lawrence (2011), *Harperland- The Politics of Control*, Penguin Canada Books Inc.

Pammett, Jon H. and Christopher Dornan (2016), *The Canadian Federal Election of 2015*, Dundurn.

Perry, J. Harvey (1989), *A Fiscal History of Canada: The Postwar Years*, Canadian Tax Paper No. 85, Canadian Tax Foundation.

Rae, Bob (2015), *What's Happened to Politics ?*, Simon & Schuster.

Statistics Canada (2017), *Canada's National Statistical Agency*.

Young, Huguette (2016), *Justin Trudeau- The Natural heir*, Dundurn.

Uppal, Sharanjit and Sébastien LaRochelle-Côté (2016), "Understanding the increase in voting rates between the 2011 and 2015 federal elections", Statistics Canada.

第 8 章

米国2017年減税・雇用法（トランプ減税）の政策効果予測および法人課税改革内容の検討

片　桐　正　俊

1. はじめに

　本章は，2017年末に米国トランプ政権と議会共和党が成立させた減税・雇用法（TCJA）について，官民の研究機関が公表したその政策効果予測および法人課税改革内容を検討し，その問題性を明らかにすることを課題としている。

　トランプ政権と議会共和党は，2017年1月の政権発足以来年末まで，大統領選挙で公約した，オバマケア廃止をはじめとする重要法案を何一つ成立させることができなかった。だが，さすがに2018年11月の中間選挙まで1年を切った段階で，大幅減税を武器に景気と雇用の好調さを中間選挙で訴えるために，上・下両院の民主党全員と一部の州の共和党議員の反対を押し切って，2017年TCJAを成立させた。レーガン政権の1986年税制改革以来約30年ぶりの大型税制改革といわれ，また，規模で史上最大の減税といわれた2001年ブッシュ減税が10年で約1兆3500億ドルであったが，トランプ減税はそれを上回る，10年で約1兆5000億ドルに達するものである。

　1980年代以来共和党は，政権を奪取するたびに経済政策の柱に租税政策を据え，大規模減税とそれを実現するための税制改革を提起し，減税財源を捻出するために，小さな政府論に立って，福祉関連支出の削減に力を入れてきた。その経済政策のよって立つ理論は，トリクルダウン経済学である。大規模減税

で，景気と雇用の拡大が進み，その恩恵は大企業や富裕層に先に及ぶが，やがて中間層・低所得層にもトリクルダウンし，経済全体に恩恵が及んで税収も増え，財政健全化が進むというシナリオを必ず唱えてきた。大規模減税を実施してきた，レーガン政権，ブッシュ（子）政権，トランプ政権の基本的スタンスは皆同じである。

そこで，第2節では，すでに実験済のレーガン政権とブッシュ（子）政権の減税政策による経済実績を先に検証する。その上でトランプ政権の大型減税政策は実施に移ったばかりなので，分析できる実績データはまだないが，幾つかの官民の研究機関は，自己の分析モデルを使って，2017年TCJAの経済効果予測を出しているので，それを追跡し，何がいえるのかを明らかにする。いずれの場合においても，①経済成長，②財政再建ないし財政健全化，③所得再分配ないし経済格差是正の視点からアプローチする。

第3節では，2017年TCJAの最大の狙いは法人減税なので，これを取り上げる。まずトランプ政権が法人税率引下げなどを喫緊の課題としなければならないほど，米国法人の租税負担が国際競争上不利な状態にあるのかどうか，その実態を明らかにする。その上で，2017年TCJAの法人課税改革内容の主項目，国際課税改革の主項目，通り抜け事業体所得に対する20％の所得控除を取り上げ，特に減税の恩恵が，大企業，多国籍企業，それらの企業の株主に大きく及ぶ可能性などの問題を明らかにする。

2. 2017年減税・雇用法（TCJA）の概要と政策効果予測

2-1 2017年減税・雇用法（TCJA）の概要

2017年減税・雇用法（TCJA）は2017年12月19日に上院で，12月20日に下院で可決され，12月22日にトランプ大統領の署名を得て成立した。

TCJAのフレーム・ワークは，2017年9月27日にトランプ政権と共和党幹部の間での合意事項として形作られ，両院における税制改革法案の土台となった。その概要は次の通りである。連邦法人税に関しては，現行の最高税率35％を20％に引き下げる。海外所得に対しては現行法では全世界所得課税方

式により米国へ資金還流時に35％を課税していたが，これを改めて課税しないこととする。ただし既存の留保資金には1回限りの課税を行う。個人所得税に関しては，現行の最高税率39.6％を35％に引き下げる。税率区分は現行の10〜39.6％の7段階を改めて，12％，25％，35％の3段階にする。標準控除は，現行より倍増させる[1]。

トランプ大統領と共和党幹部の意見が対立したのは，法人税率の引下げ幅を巡ってである。トランプ大統領は，法人税率を15％まで引き下げるという選挙公約に固執したが，それでは財政赤字を拡大しすぎるという上院共和党の批判もあって20％への引下げで妥協した。トランプ政権は選挙公約であるオバマケア廃止に失敗したために，廃止によって得た資金を法人税率の15％への引下げに充てようと目論んでいたが，結局実現できなかった。

その後上・下両院共和党は，上記のTCJAのフレーム・ワークを前提としつつも，独自の税制改革法案を議会に上程し，可決成立させることになる。下院の税制改革法案は，①連邦法人税率を2018年に20％に引き下げ，②海外所得の還流時の課税を廃止し，③個人所得税の税率を12％〜39.6％の4段階に簡素化するといった骨子で，2017年11月16日に可決された。上院の税制改革法案は，①連邦法人税率を2019年に20％に引き下げ，②海外所得の還流時の課税を廃止し，③10％〜38.5％までの7段階の個人所得税率を維持し，④個人減税を2025年までの時限措置とするといった骨子で，2017年12月2日に可決された。

可決された上・下両院の税制改革法案の骨子に相違がみられるため，両院協議会で一本化のための調整が行われ，2017年12月15日に，共和党は10年間で1兆4560億ドルを減税する最終の税制改革法案を公表した。最終案の骨子は，①連邦法人税率を35％から21％に2018年から引き下げ，②海外所得の還流時の課税を廃止するが，これまで企業が海外にため込んだ現金等の資産は一度限りで8〜15.5％を課税する，③個人所得税の最高税率を39.6％から

---

1) PwC税理士法人（2017）。

38.5％に引き下げる，④個人標準控除を2倍増やす，⑤遺産税を減税する，⑥オバマケアの一部を廃止するといった内容のものである。

この最終の税制改革法（2017年減税・雇用法）案は，既述の通り2017年12月19日・20日に上・下両院で可決され，12月22日にトランプ大統領が署名して成立した。

表8-1　2017年減税・雇用法の主な改正項目の概要

項　目	概　　要	適用開始日
企業課税関連		
法人税率の引下げ	連邦法人所得税の税率を最高35％から一律21％に引下げ	2018年1月1日以降
代替ミニマム税（AMT）の廃止	連邦法人所得税に関してAMTを廃止。過年度からのAMTクレジットの繰越額について通常税額との相殺並びに還付を認める	2018年1月1日以降開始課税年度
繰越欠損金使用制限と繰戻・繰越期間の撤廃	繰越欠損金の控除額を課税所得の80％に制限する一方で無限限の繰越を認める。繰越欠損金の繰戻還付を撤廃する	使用制限は2018年1月1日以降開始課税年度。繰戻・繰越期間の撤廃は2018年1月1日以降終了課税年度
設備投資の100％即時償却	適用対象となる固定資産について5年間の即時償却および2023年以降の消失控除（80％〜20％）を認める	2017年9月28日以降に取得かつ事業供用された資産
支払利子の損金不参入制限	現行の過大支払利子税制を全面的に改正し，控除制限額を超える事業上の支払利子は損金算入が制限される	2018年1月1日以降開始課税年度
国内製造控除制度の廃止	現行制度上の国内製造控除制度を撤廃する	2018年1月1日以降開始課税年度
国際課税関連		
海外配当益金不算入制度（領土主義課税）	一定の海外法人からの受取配当金を全額免除するとともに当該配当に係る外国税額控除を撤廃する	2018年1月1日以降に支払われる配当
強制みなし配当課税	特定外国法人の累積海外留保所得について，金銭・金銭同等物に帰するものは15.5％，それ以外は8％の税率で一回限りで課税する	2018年1月1日より前に開始する最後の課税年度に
外国子会社（CFC）の定義拡大	CFCの判定上，米国法人の親会社の保有する他の外国法人も当該米国法人によって保有されているものとみなす	2017年12月31日以前に開始する直近税年度
税源侵食濫用防止税（BEAT課税）	適用対象人の関連者に対する税源侵食的支払いに関して，一定の算式で計算される額を課税する	2018年1月1日以降開始課税年度
個人課税関連		
個人所得税率の引下げ	連邦個人所得税の税率を，10％，12％，22％，24％，32％，35％，37％の7つに区分する	2018年（暦年）
標準控除の倍増	標準控除額を，単身者＄12,000，夫婦合算申告者＄24,000にそれぞれ倍増させる	2018年（暦年）
人的控除の廃止	現行制度上の1人当たり＄4,050の人的控除（扶養控除）を撤廃する	2018年（暦年）
項目別控除の廃止又は縮小	現行制度上認められる項目別控除について，一部項目を撤廃又は縮小させる	2018年（暦年）
パススルー所得に対する所得控除	パススルー事業体（S法人，パートナーシップ，個人事業主）からの国内適格事業所得の20％相当額について所得控除を認める	2018年（暦年）
代替ミニマム税（AMT）の存続	AMTを存続させる一方で，AMT計算上の人的控除額を増額することでAMT適用による影響を緩和する	2018年（暦年）
児童税額控除の拡大	17歳未満の子供1人当たり税額控除額の2倍化。17歳以上の扶養家族について，500ドルの税額控除導入	2018年（暦年）
遺産税の縮小	大部分の家族的農業および事業について，遺産税を廃止	2018年（暦年）
オバマケア罰則金の廃止	健康保険未加入者に対する罰則金が廃止される	2019年（暦年）

（出所）PwC税理士法人（2017）「米国税制改正:最終法案の法制化」『PwC Tax Japan Hot Topics』12月25日2-3ページの表「主な改正項目の概要」に，PWC（2017）を参照して加筆修正。

さて，成立した2017年減税・雇用法（TCJA）の概要はいかなるものなのか。それを示したのが表8-1である。企業課税関係の主な項目としては，法人税率の21%への引下げ，代替ミニマム税の廃止，繰越欠損金使用制限と繰戻・繰越期間の撤廃，設備投資の100%即時償却，支払利子の損金不算入制限，国内製造控除制度の廃止などがある。

国際課税関連の主な項目としては，海外配当益金不算入制度（領土主義課税）の採用，強制みなし配当課税，外国子会社（CFC）の定義拡大，税源侵食濫用防止税（BEAT課税）などがある。

個人課税関連の主な項目としては，個人所得税最高税率の35%への引下げ，標準控除の倍増，人的控除の廃止，項目別控除の一部廃止または縮小，通り抜け（パススルー）所得の20%所得控除，代替ミニマム税の存続，児童税額控除の拡大，遺産税の縮小，オバマケアの未加入者への罰則金廃止などがある。

1980年代のレーガン政権以来，共和党政権は租税政策を経済政策の柱にして成長を図る考えに立って，大型の税制改革を断行してきた。次の2-2では，トランプ政権に先立って行われた，レーガン政権，ブッシュ（子）政権の大型税制改革の特徴と結果を(1)と(2)で，その後(3)でトランプ政権の大型税制改革に関する官民研究機関の経済効果予測を，①経済成長，②財政再建ないし財政健全化，③所得再分配ないし経済格差是正の観点から検討する。

2-2　レーガン政権，ブッシュ（子）政権の大型税制改革の特徴と結果

（1）　レーガン政権の1981年経済再建税法（ERTA）と1986年税制改革法

トランプ政権の2017年TCJAは，レーガン政権の1986年税制改革以来の約30年ぶりとなる税制の抜本改革といわれる。しかし，10年で約1.5兆ドルの減税を行う2017年TCJAと税収中立で行われた1986年税制改革とは性格は全く違う。むしろ2017年TCJAは，企業に対する大型減税により成長を促そうとする点で，1981年経済再建税法（ERTA）の考えに近い。そこで，まず1981年ERTAについて述べる[2]。

レーガン政権は，1981年2月に①歳出の伸びの大幅抑制，②多年度にわた

る大幅減税，③政府規制の緩和，④安定的な金融政策の4つを柱とする「経済再生計画」を発表し，それを実施するための「1981年経済再建税法」と「1981年一括調整法」が，同年8月に成立した。

レーガノミクスの最大の特徴は個人・企業減税と歳出削減をパッケージにした点である。レーガノミクスでは，従来のような短期的な需要刺激策よりも自発的な労働や貯蓄意欲を刺激する中長期的な供給面の政策が重要と考えられた。それで貯蓄・投資を刺激するための大幅減税が必要と考え，また民間貯蓄を大きな政府の赤字補填に回さないように，歳出削減を求めた。

中でもレーガノミクス展開の切り札として成立させたのが，1981年ERTAである。この税法に基づく減税総額は約7488億ドルで，5年間にわたって実施されることになる。当時史上最大の減税法といわれた[3]。

1981年ERTAでは，個人所得税の最高税率を70%から50%に引き下げた。これは，従来から貯蓄率が高いといわれていた中・高所得者層の実質可処分所得を増加させ，全体の貯蓄増加を図ろうとしたものである。また同法は，企業に対して減価償却の加速化・簡素化（ACRS）および投資税額控除（ITC）の適用拡大などにより投資インセンティブを与え，インフレ下に抑圧されていた企業の実質税引後収益率の回復と設備投資の活発化を図ろうとした。

さて，1981年ERTAや1981年一括調整法などによるレーガノミクスが展開されたが，1981年から1986年までの経済・財政収支見通しと実績はどうであったのか[4]。

1981-86年期の実質GNP成長率実績は2.6%で，4.0%の見通しには届かなかった。失業率実績も同期間8.1%で，6.5%の見通しには届かなかった。また連邦政府の財政収支実績も1721億ドルの赤字で，143億ドルという見通しを達成できなかった。所得税の限界税率の引下げによる勤労意欲や貯蓄の促進

---

2) 経済企画庁（1987），第2章第3節。
3) 1981年経済再建税法についての詳しい解説と注釈は，次の文献で行われている。
　ハードマン著，監査法人サンワ東京丸の内事務所訳（1982）参照。
4) 経済企画庁（1987），第2章第3節，第2-3-3表。

は期待されたものの効果はほとんど認められなかった。加速度償却制度の導入や投資税額控除の拡大による設備投資の促進効果はかなりあったが，インフレ鎮静化に伴い過度の償却が発生し，不動産中心の非生産的な投資も発生した。そして貯蓄・投資バランスが投資超過の方向に移り，事後的に経常収支の赤字も大きく拡大した。こうして双子の赤字が深刻化していく。

次に，1986年税制改革について述べよう[5]。1986年税制改革法は，簡素，公正，成長を理念とし，租税理論的には包括所得税理論に立ち，所得税と法人税ともに限界税率を引き下げ，フラット化を図り，課税ベースを拡大することで全体として税収中立とする税制改革で，民主・共和両党が超党派で成立させた。この税制改革は世界の税制改革に影響を及ぼし，EC型付加価値税の普及と並んで，それ以降の世界の税制改革の潮流を形作っていくこととなる。

1986年税制改革法の中身はどうか。個人所得税の税率区分は従来11％〜50％までの14段階であったが，15％と28％の2段階に簡素化された。法人税の税率区分は従来15％，18％，30％，40％，46％の5段階であったが，15％，25％，34％の3段階に簡素化された。また，優遇税制措置の廃止によって課税ベースの拡大が図られた。個人所得税では，長期キャピタル・ゲインに対する特別軽減措置や州・地方売上税にかかわる項目別控除は廃止された。法人税では，投資税額控除（ITC）は廃止され，加速度減価償却制度（ACRS）は縮減された。

1986年税制改革法はなぜ必要とされたのか。通貨供給量をコントロールする抑制的な金融政策によって金利が上昇し，インフレが鎮静化したために，ITCやACRSが過度な償却を発生させ，不動産中心の非生産的な投資が目立つようになった。また財政赤字も深刻化していた。そこで，減税によって財政赤字を拡大することなしに，また税制が資源配分の歪みを生じさせずに生産的な投資を促し，経済を成長させる改革が必要とされた。そのため，1986年税制改革法は税収中立で所得税，法人税の税率フラット化で経済効率を上げて成長

---

5) ベロウズ（2017），1-5ページ；パールマン（2002）；経済企画庁（1987），第2章第3節。

を促すものとなったのである。

　1980年代中頃には連邦財政赤字は巨額となり，議会は1985年にグラム＝ラドマン＝ホリングス法（GRH法）を制定して歳出削減による財政再建に取り組み出したが，このGRH法は違憲判決を受けたので，1987年に新GRH法を改めて成立させている。その内容は，①財政収支均衡目標を1991年度から1993年度まで延長するとともに，各年度の赤字目標額を緩和する，②1988年度はベースライン赤字より230億ドル削減するというものである。

　さて，1986年税制改革法の下での米国経済の成長はどうであったのか。実質GNP成長率は，米国が1986年2.7%，87年3.4%，88年4.5%，89年2.5%で，日本が1986年2.5%，87年4.6%，88年5.7%，89年4.9%で，EC諸国が1986年2.7%，87年2.7%，88年3.9%，89年3.5%なので，先進国の中で総じて好調な日本は別にして，米国はEC諸国全体と比べて，1986年，1989年を除き，1987-88年期は高い成長を達成したといえる。ただし，製造業の稼働率は，米国が1986年79.0%，87年81.4%，88年83.9%，89年83.9%であり，日本が1986年95.4%，87年95.5%，88年101.1%，89年103.3%であり，EC諸国が1986年82.2%，87年82.6%，88年84.0%，89年85.6%なので，先進諸国の中で米国製造業の稼働率が一番低い点には留意が必要である[6]。

　次に連邦財政再建の実績はどうか。財政収支額（対GDP比）は，1986年度△2212億ドル（△5.3%），87年度△1497億ドル（△3.4%），88年度△1552億ドル（△3.2%），89年度△1521億ドル（△2.9%）と推移し，財政再建の方向にある程度は進んだとはいえる[7]。しかし，1990年代に入り先代ブッシュ（父）政権後半になると，湾岸戦争や不況で財政赤字は再び拡大し，1992年は過去最大の2904億ドルの赤字を記録する。こうして，財政再建が1990年代の連邦における最重要課題となった。

　これに対して，連邦議会は，1990年11月に包括予算調整法（OBRA90）を成

---

[6]　経済企画庁（1990），第1章第1節，第1-1-1表と第1-1-2表。
[7]　経済企画庁（1989），第1章第4節，第1-4-2表。

立させ，その中の予算執行法（BEA）においてキャップ制とペイゴー原則という強力な歳出削減の手法を導入し，それに一定の増税策を加えて財政再建路線を明確にした。この歳出削減と増税による財政再建の手法は，クリントン政権下において成立した1993年包括予算調整法（OBRA93）と1997年財政収支均衡法（BBA97）に引き継がれ，それらの効果と90年代後半の情報通信産業に牽引された好景気に助けられ，ついに米国は1998年度に財政黒字国に転換した[8]。

ここで，レーガン政権以来の経済成長と財政再建の関係をまとめてみよう。レーガン政権第1期目の1981年 ERTA は，特に個人所得税と法人税の大規模減税によって，個人と企業のサプライサイドを刺激して，米国経済の再生を図ろうとする野心的租税政策を根拠づけたのであるが，経済は期待したほどには成長せず，財政赤字はかえって拡大してしまった。1986年税制改革法は，税収中立で所得税と法人税の税率の引下げと課税ベースの拡大で経済の活性化を期し，1985年 GRH 法および1987年改正 GRH 法で歳出削減による財政再建を目指したが景気はほどほどで，財政健全化はある程度進んだが，財政再建にまでは至らなかった。結局上述の通り，1990年代にキャップ制やペイゴー原則の導入と増税策によって，財政健全化を促し，金利も下がることによって1990年代後半の好景気と財政再建を達成した。つまり，1980年代のレーガン政権が実施したような大型減税による経済成長とそれによる増収での財政再建を期待する路線は，うまくいかないというのが歴史的教訓ではないか。

次に，レーガノミクス展開下の1980年代において，世帯所得の分布がどう変わったのかみておこう。片桐（1995）によって，五分位法で課税後の調整家族所得各分位の1980年と1988年の所得分布状況（全体100％）をみると，第1分位：5.1％ → 4.2％，第2分位：11.5％ → 9.9％，第3分位：16.7％ → 15.2％，第4分位：23.0％ → 21.8％，第5分位：44.2％ → 49.4％となる。レーガノミクス下において，第5分位層（富裕層）の所得割合の上昇と他の中

---

[8] 片桐（2005），90-98ページ。

間・下位所得層の所得割合の低下が顕著にみられる[9]。

さらに，1980年代レーガン政権期の世帯所得の格差拡大とそれへの連邦税の影響を片桐（2017）でみておこう[10]。市場所得のジニ係数は，1981年度の0.487から1989年度の0.528へと大きくなり，不平等化が急速に進んでいる。それを社会保障給付と累進税制による所得再分配で，所得格差の縮小を図っているが，市場所得の格差拡大を是正しきれず，移転後課税後のジニ係数は1981年度の0.370から1989年度の0.418へと大きくなり，不平等化が急速に進んでいる。社会保障給付と累進税制による所得再分配の所得格差是正効果を測る平準化係数は，1981年度24.0％で，それ以降数値は1986年度の19.2％にまで落ち，その後1989年度の20.8％へと上昇している。

この平準化係数を政府移転（社会保障給付）と連邦税に分けてみると，政府移転は，レーガン政権の福祉削減政策もあって，1981年度：17.0％→86年度：14.9％→89年度：15.3％と推移し，連邦税は1981年度：7.0％→86年度：4.3％→89年度：5.5％と推移する。もちろん政府移転の方が連邦税より平準化係数は大きいが，1981年度から86年度にかけての平準化係数の下落の程度は，連邦税の方が政府移転より大きい。いい換えれば，レーガン政権第1期の1981年経済再建税法の減税が世帯間の所得格差を縮める連邦税の累進性を大きく低下させたのである。ただ，1986年連邦税制改革は，連邦税の累進性回復に役立ったために連邦税の平準化係数も改善傾向を示している。

いずれにせよ，1981年経済再建税法とレーガノミクスは，米国の所得格差拡大を決定的に方向づけたのである。

(2) ブッシュ（子）政権の2001年経済成長・租税負担軽減調整法（EGTRRA）と2003年雇用・成長租税負担軽減調整法（JGTRRA）

ブッシュ（子）政権はレーガン政権以来の共和党の伝統にしたがって，減税を経済政策の中心に据えた。その大型減税の柱になったのが2001年税法（EGTRRA）と2003年税法（JGTRRA）である。ブッシュ（子）政権8年間に，

---

9) 片桐（1995），64ページ，表2。
10) 片桐（2017），224ページ，表7。

これら2つの税法を補完する形で，他にも多くの税法が制度化されているが，ブッシュ減税といえば，この2001年・2003年減税法を指す。ブッシュ減税は2010年12月末までの時限立法であったが，2007-2009大不況からの急回復に水を差しかねないとの超党派の合意で2012年12月末まで延長された。

　ブッシュ減税の主な内容は次の通りである[11]。ブッシュ減税の規模は，2001年から2010年までの10年間で，2001年減税が1兆3485億ドル，2003年減税が3497億ドルとなっている。2001年・2003年ブッシュ減税の内容を簡略化すると，次の①～⑦のようになる。①個人所得税の税率を2000年現在の15～39.6％（5段階）から10～35％（6段階）に引き下げる，②児童税額控除を2000年現在の500ドルから1000ドルに引き上げる，③代替ミニマム税の基礎控除（夫婦共同申告の場合）を2000年現在の4万5000ドルから5万8000ドルに引き上げる（2005年まで），④配当にかかる税率を2000年現在の15％～39.6％から5％，15％に引き下げる，⑤長期キャピタル・ゲインにかかる税率を2000年現在の10％，20％から5％，15％に引き下げる，⑥2002年雇用創出・労働者援助法（JCWAA）で追加された2001年・2002年適用の初年度割増（ボーナス）償却30％を2003年・2004年適用の初年度割増償却50％にして継続，⑦遺産税・贈与税の2000年現在最高税率50％を軽減していき，2010年には撤廃する。

　さて，2001・2003年減税法は税法のタイトルに書かれている通り，限界税率の引下げなどによって就労と投資のインセンティブを高め，高税率とかかわりのある経済的歪みを減らし全般的に税負担を減らし，経済成長の見通しを改善することを狙っている。ブッシュ（子）政権が終わりに近づいた2008年と2009年の『大統領経済報告書』は，いずれもブッシュ減税を総括して，「減税は労働供給，貯蓄，投資，企業ガバナンスの歪みを是正した」と述べている[12]が，実際にどれだけ経済成長に貢献したのか具体的数値を挙げて述べて

---

11)　2001年EGTRRA，2003年JGTRRAと2000年代のその他税法の要点については，片桐（2012），391-392ページ。

12)　CEA（2008），p. 121; CEA（2009），pp. 151-159, p. 172.

表 8-2 年成長率比較

(単位：%)

	GDP[1]	消費[1]	非住宅設備投資[1]	株主資本[1]	賃金と給与[1]	雇用[2]	法人利潤[1]
景気の谷から測った成長率							
2001-2007 年期	2.8	2.9	3.9	3.5	1.8	0.9	10.8
戦後期平均	4.3	4.0	6.0	4.1	3.8	2.5	7.4
1990 年代	3.3	3.2	7.6	4.1	2.7	1.9	8.0
	GDP[3]	消費[3]	非住宅設備投資[3]	株主資本[3]	賃金と給与[3]	雇用[4]	法人利潤[3]
景気の頂上（ピーク）から測った成長率							
2001-2007 年期	2.5	2.9	2.0	3.2	1.2	0.6	9.5
戦後期平均	3.4	3.6	3.7	3.9	2.9	1.7	3.8
1990 年代	2.8	2.8	6.4	4.3	2.3	1.5	8.1

(注) 1) 景気の谷から後の 23 四半期の平均成長率。ブッシュ（子）政権期：2001 年Ⅳ-2007 年Ⅲ。1990 年代：1991 年Ⅰ-1996 年Ⅳ。戦後期平均には 1990 年代と 1949 年Ⅳ-1955 年Ⅲ，1954 年Ⅱ-1960 年Ⅰ，1958 年Ⅱ-1964 年Ⅰ，1961 年Ⅰ-1966 年Ⅳ，1970 年Ⅳ-1976 年Ⅲ，1975 年Ⅰ-1980 年Ⅳ，1980 年Ⅲ-1986 年Ⅱ，1982 年Ⅳ-1988 年Ⅲを含む。
2) 景気の谷から後の 70 カ月の平均成長率。
3) 景気の谷から後の 26 カ月の平均成長率。ブッシュ（子）政権期：2001 年Ⅰ-2007 年Ⅲ。1990 年代：1990 年Ⅲ-1997 年Ⅰ。戦後期平均には，1990 年代と 1948 年Ⅳ-1955 年Ⅱ，1953 Ⅱ-1959 年Ⅳ，1957 年Ⅲ-1964 年Ⅰ，1960 年Ⅱ-1966 年Ⅳ，1969 年Ⅳ-1976 年Ⅱ，1973 年Ⅳ-1980 年Ⅱ，1980 年Ⅰ-1986 年Ⅲ，1981 年Ⅲ-1988 年Ⅰを含む。
4) 景気の頂上（ピーク）から後の 78 カ月の平均成長率。
(出所) Aron-Dive, Kogan and Stone（2008），pp. 5-6 に加筆修正。

いない。

そこで，2001・2003 年ブッシュ減税は実際に経済成長効果があったのか，また財政健全化（財政収支改善）効果があったのか，客観的に検証してみよう。

表 8-2 は，予算・政策優先研究所の調べたデータで，ブッシュ減税の行われた 2001-2007 年期と戦後期全般の平均と 1990 年代の 3 つの時期の年経済成長率を比較したものである。上表は景気の谷から測った成長率であり，下表は景気の頂上（ピーク）から測った成長率である。同表をみると，ブッシュ（子）政権が意気込んだほどに，減税が特に力強い経済的成長を生み出したと主張できるほどの証拠は見当たらない。GDP，消費，投資，賃金・給与，雇用の伸びに関しては，2001-2007 年期は第二次世界大戦以降で最も弱いか，最も弱い部類に属する。また，2001-2007 年期の経済実績は，クリントン政権による顕著な増税が行われた 1990 年代の経済実績より全体的には劣っている。GDP の伸びは 1990 年代よりやや弱い。雇用創出，投資，賃金・給与の伸びは皆相当劣っている[13]。

次に，ブッシュ減税の財政健全化（財政収支改善）効果について検証しよう。ブッシュ大統領は 2006 年 2 月 8 日に「減税すると税収は増える」といっている。つまりブッシュ減税は自償的だということになる。しかし，現実はどうか。2001-2007 年間に様々な予算関連立法が成立し，約 3 兆ドル赤字が増えた。予算・政策優先研究所は，議会予算局の資料を使って，この赤字に寄与した予算項目の内訳を明らかにしている。それによれば，ブッシュ減税 48％，国防等安全保障 35％，エンタイトルメント予算 10％，国内裁量プログラム 7％となっている[14]。ブッシュ減税は 2001-2007 年に約 1 兆 4400 億ドル（3 兆ドル×0.48）の財政赤字を加えており，しかもこれは国債発行収入で賄われている。したがって，ブッシュ（子）政権が望んだ減税による財政収支改善効果はみられず，むしろブッシュ減税は対テロ戦争，対イラク・アフガン戦争の軍事費と並んで財政赤字拡大の主因となっている。

2001・2003 年ブッシュ減税は所得再分配の観点からも問題がある。ブッシュ減税は富裕者に過大に恩恵を与えた。経済政策研究所のデータを使って説明しよう[15]。

2010 年に，トップ 1％の所得者（64 万 5000 ドル以上の納税申告者）は，2001-2008 年減税額の 38％を受け取り，減税額の 55％は上位 10％の所得者（17 万ドル以上の納税申告者）のものになった。トップ 0.1％の所得者（300 万ドル以上の納税申告者）は平均約 52 万ドルの減税額を受け取ったが，それは平均的中間所得世帯が受け取った減税額の 450 倍以上にもなった。これらの減税には，キャピタル・ゲインや配当に対する軽減税率の適用，人的控除の消失控除や項目別控除の制限の廃止，上位 2 つの課税ブラケットに対する限界税率の引下げや遺産税税率引下げ，遺産税基礎控除の引上げなどが含まれている。

2010 年において，所得分布の最下位 20％の納税申告者（2 万ドル未満の納税申告者）はわずかに減税額の 1％だけを受け取っており，これら低所得世帯の

---

13) Aron-Dive, Kogan and Stone (2008), pp. 1-6; Bivens (2008), pp. 1-9.
14) CBPP (2008), p. 2.
15) Fieldhouse and Pollack (2011), pp. 1-2.

75％は全く減税の恩恵を受けていない。中間20％の所得者（1年に4万ドルから7万ドルの間の納税申告者）は，減税額のわずか11％だけを受け取っていた。下位60％の所得者（1年に7万ドル未満の納税申告者）は，減税額の20％足らずを受け取っているだけであった。

財政赤字が深刻化し，所得不平等が拡大している時期に，そのような巨額の減税を継続することは許容しがたいと考えたオバマ政権は，「2012年アメリカ納税者救済法」を成立させ，ブッシュ減税をそのまま延長・恒久化することを許さず，45万ドル超の富裕層には減税を廃止し，事実上増税することになった。なお，オバマ政権の経済再生・財政健全化・経済格差縮小政策の成果と課題については，片桐（2018）が詳しく論じている[16]。

以上みてきたように，レーガン政権の2つの税制改革法もブッシュ（子）政権の税制改革法も，経済成長の点でも，また財政健全化の点でも，さらには所得再分配の点でも，望ましい成果を上げることはできなかった。果たして，トランプ政権の2017年TCJAは，政権がアピールするような経済効果を上げることができるのか，種々の官民の研究機関の予測で検討してみよう。

2-3　トランプ政権の大型減税（2017年TCJA）に関する官民研究機関の経済効果予測

ここでは，トランプ政権下の政府機関と超党派の官民研究機関と有力な民間の研究所等が行った，2017年TCJAが実施された場合の経済成長，財政赤字と債務，所得分布への影響予測結果をサーベイする。(1)は経済諮問委員会と財務省租税政策局の経済成長，財政赤字の予測である。(2)～(6)は超党派の官民の研究機関の経済成長，財政赤字の予測である。(7)と(8)は官民の研究機関の所得分布への影響予測である。

(1)　トランプ政権による2017年TCJAの経済効果予測

連邦政府は2018年2月21日に大統領の経済報告書の要約報告を行ってい

---

16)　片桐（2018）。

る。その中での，TCJA の経済成長効果にかかわる要点を取り出すと次のようになる[17]。

① 政府の経済諮問委員会の予測では，実質 GDP 成長率は 2018 年には 3.1％に上昇し，それから 2020 年までは 3％を超える状態が続き，実質 GDP 累積額で 1.1 兆ドルにもなる。

② 経済諮問委員会の予測では，トランプ大統領の法人税改革によってアメリカ人労働者には年に平均 4000 ドルの賃金引上げがもたらされる。

③ 個人所得税に対しての TCJA 改革と減税は，今後 30 年間に推定で 1.3〜1.6％ほど GDP を押し上げる。

④ これまでに，税制改革の結果として 370 以上の会社が新規投資，賃金引上げ，ボーナス，その他の給付を発表しており，そのプラスの影響は 410 万人の労働者に及ぶであろう。

トランプ政権下の財務省租税政策局は，上・下両院案の一本化最終法案として成立した 2017 年 TCJA の少し前に，上院案（連邦法人税率を 2019 年に 35％から 20％に引き下げる案）をベースに，経済成長と税収増の見込推計を 2017 年 12 月 11 日に公表した[18]。その要点は次の通りである。

① 租税政策局は，2018 年度政府予算案に含まれている，今後 10 年で GDP 比上昇率約 2.9％という政府予測を踏襲した。

② 租税政策局は，GDP 上昇率 2.2％という以前の予測と税制改革により上振れすると考えられる GDP 上昇率 2.9％を比較し，その差の 0.7％の半分は法人税率の引下げにより残り半分は通り抜け（パススルー）所得課税や個人所得税の改革，その他規制改革やインフラ投資や福祉改革を合せた経済効果等からもたらされると予想する。

③ この上振れした 0.7％の経済成長は，10 年間で約 1.8 兆ドル税収増を生む。そうすると 1.5 兆ドルの減税による減収を 3000 億ドル上回ることになる。

---

17) White House（2018）.
18) Department of the Treasury（2017）.

ただ，トランプ政権のこうした楽観的な TCJA による経済効果予測も，2010 年ペイゴー原則制定法を適用除外できていたからいえる事柄である。ペイゴー原則というのは，財政悪化を抑えるために，新法や法改正で新たに財政赤字が発生する場合に，同額を他の歳出予算から強制削減せねばならないルールのことである。TCJA では年約 1500 億ドル規模で財政赤字が増えるため，ペイゴー原則を適用除外にしないと，2018 年からほぼ同額の歳出を強制削減する必要があった。そうなると減税による経済効果も縮小してしまう。そこで共和党指導部は 2018 年 1 月 19 日までのつなぎ予算法案に TCJA にはペイゴー原則を適用しない条項を含めて，その法案を 2017 年 12 月 21 日に上・下両院で成立させた。そのため，トランプ大統領は 12 月 22 日に署名して TCJA を成立させることができたのである。なお，2001 年のブッシュ減税のときも，適法措置で 1997 年財政収支均衡法に含まれていたペイゴー原則を適用除外とした。

(2) 議会合同租税委員会の 2017 年 TCJA のマクロ経済分析結果

超党派の議会合同租税委員会は，TCJA のマクロ経済分析の結果を 2017 年 12 月 22 日に公表した[19]。その報告内容の要点は次の通りである。

① GDP は，労働供給や企業投資の増加により CBO のベースライン予測と比べて，2018-2027 年期に年平均 0.7％高くなり，累積合計額は 1 兆 8950 億ドルになるだろう。これに TCJA のマクロ経済的効果が加わると，2018-2027 年期のほとんどで GDP が年 0.8〜0.9％伸びると期待されるが，その期間の終わりまでに 0.1〜0.2％の伸びに落ちると予想される。

② TCJA は，マクロ経済フィードバック効果を含めて 10 年間に約 1 兆ドル合計財政赤字を増やすことになろう。減税の効果は，GDP 水準の上昇による収入増で一部だけ相殺される。フィードバック効果のない当初の財政赤字増加推計 1 兆 4560 億ドルから 3840 億ドルのフィードバック効果（4510 億ドルから公債費の増加額 660 億ドルを差し引いた金額）を差し引いた結果として，2018-2027 年期に 1 兆 710 億ドルの純債務増が発生する。

---

19) JCT (2017).

③ 雇用は，減税法がない場合と比べて，2018-2027年期に毎年約0.6%増える。労働にかかる限界税率の低下は，労働供給増に対する強いインセンティブを与えることになろう。

④ 資本と労働の拡大によって生み出される所得増加と減税による租税負担減少の効果が合わさって，可処分所得が増え，消費も増えるだろう。GDPの最大の構成要素である個人消費は平均0.7%ほど増加すると推定される。

(3) IMF（国際通貨基金）の2017年TCJAを踏まえてのマクロ経済見通し

IMFは，2018年1月26日にTCJAのマクロ経済効果を織り込んだ世界経済展望を公表した[20]。この報告における，トランプ減税を踏まえての米国経済の見通しは，要約すると次のようになる。

① トランプ減税によって，2020年までに経済成長は加速し，米国の実質GDPは2020年までは税制改革が行われなかった場合と比べて，1.2%高くなると予測されている。

② 米国の経済成長率予測は，TCJA制定前は2018年2.3%，2019年1.9%であったが，TCJA制定後は，2018年2.7%，2019年2.5%に引き上げられた。つまり，TCJAは経済成長を最大で2018年0.4%ポイント，2019年0.6%ポイント押し上げたのである。

③ 財政赤字の拡大によって将来的に財政面での調整が必要になること，また規定の一部が一時的なものであることを踏まえ，2022年からの数年間の経済成長率は以前に出した見通しより低くなり，2022年までの経済成長は部分的に相殺されるとみられている。

(4) 租税政策研究所の2017年TCJAのマクロ経済分析結果

アーバン・ブルッキングス租税政策研究所は2017年12月20日にTCJAのマクロ経済効果の分析結果を公表した[21]。その要点は次の通りである。

① TCJAは，CBOの2017年6月のベースライン予測（2018年の実質GDP上昇率2.0%と予測）と比べて2018年にGDPを0.8%引き上げるだろうが，

---

20) IMF（2018）.
21) TPC（2017b）.

次第にそれも減って行き，2027年あるいは2037年には，GDPに何の影響も与えなくなってしまうだろう。

② GDPが増え，課税所得も増えるとTCJAによる税収喪失を2018年から2027年までの間に1860億ドル（約13%）減らすことになる。

③ 個人所得税規定のほとんどは2025年以降期限切れになるので（利払費を含めないと）財政赤字は2028年から2037年までに4150億ドル減ると予想するが，マクロ経済のフィードバックがその期間にわたって30億ドル財政赤字削減を支えることになろう。

④ マクロ経済効果や利払費を含めて計算すると，TCJAは，2027年に公債をGDP比で5%ポイント以上増加させてGDP比97%にし，2037年には公債を約4%ポイント増加させてGDP比117%に押し上げることが予想される。

(5) 責任ある連邦予算委員会の2017年TCJAを織り込んだ歳入予測

連邦予算や財政問題に取り組んでいる，独立したノンプロフィットで超党派の公共政策機関である責任ある連邦予算委員会（CRFB）は，2018年1月5日に，TCJA制定に合わせて，今後の歳入推計を公表した[22]。その要点は次の通りである。

① TCJA制定によって，連邦歳入は今後の10年間全体ではGDP比17.5%で，2019年は最も低くGDP比16.5%の水準になると予測する。この推計値は，TCJA制定前に予測した，今後の10年間全体ではGDP比18.2%で，2019年はGDP比17.8%という推計値より著しく低い。

② TCJAの重要部分は2025年までに期限が切れるために，連邦歳入はTCJA制定前に予測していた，2027年GDP比18.4%という水準に戻るであろう。

③ すべての減税が延長されるなら，今後10年間の連邦歳入はGDP比17.1%となり，2027年ではGDP比17.2%になっているであろう。いい換

---

[22] CRFB (2018).

えれば，TCJA が 2027 年まで完全に効力があるならば，平均で GDP 比 1％だけ連邦歳入を減らすと予測される。

④　TCJA 制定前には，公債の対 GDP 比を安定化させるためには，4.1 兆ドルの財政赤字削減が必要であった。TCJA が実施されると，同じ目標を達成するのに 5.4 兆ドルから 6.7 兆ドル必要となりそうである。

⑤　連邦歳入は，戦後の平均水準（減税が延長の場合は少し下の水準）に留まりそうである。しかし，歳出は高齢化や利子率の上昇で戦後の平均水準をかなり超える。10 年間の歳入は歳出より少なく，GDP 比 5％から 5.3％の水準になりそうである。

(6)　議会予算局（CBO）の 2018-2028 年期の予算と経済の展望

CBO は，2018 年 4 月 9 日に『予算と経済展望：2018 年から 2028 年まで』を公表した[23]。ただし，今後の財政と経済の予測は，TCJA だけでなく，2018 年超党派予算法や 2018 年統合歳出予算法の影響を含めてのものである。その主な要点は次の通りである。

①　トランプ政権は，実質 GDP 成長率が 2018 年に 3.1％，それ以降 2020 年まで 3％を超える状態が続くとしているのに対し，CBO は表 8-3 に示されるように 2018 年に 3.3％まで成長率が高まると予測したものの，2019 年には 2.4％に落ち，さらに 2020 年以降は 2％を切る成長率に留まると予測している。景気対策を打つと財政的余力が弱まり，金利上昇が見込まれるからである。しかも，これは上記 3 つの予算関連法の景気への浮揚効果を予測したものであって，トランプ政権のような TCJA だけの効果予測ではない。

②　CBO の予測では，TCJA の減税効果で 2018-2028 年の 10 年間で平均 0.7％の実質 GDP の成長ができるとしている。ただし，その効果も早い段階では大きいが，後になるほど小さくなると予測している。

③　トランプ政権は，2018 年 2 月提出の予算教書で，2020 年度に財政赤字

---

23) CBO (2018), Summary, pp. 1-6.

166　第3部　外国財政と経済成長・財政再建

が9870億ドルまで拡大するとしたが，2021年度以降は縮小し，2028年度には3630億ドルになるとの見通しを示した。これに対し，CBOは，表8-4に示されるように，財政赤字は2017年度の6650億ドルから2018年

表8-3　議会予算局（CBO）の2018-2028年期の主要経済指標予測

年	2017	2018	2019	2020	2021-2022	2023-2028
第4四半期から翌年の第4四半期までの変化率（％）						
国内総生産（GDP）						
実質	2.6	3.3	2.4	1.8	1.5	1.7
名目	4.5	5.2	4.5	3.9	3.7	3.9
物価						
PCE物価指数	1.7	1.8	2.0	2.1	2.1	2.0
コアPCE物価指数	1.5	1.9	2.1	2.2	2.1	2.0
年　平　均						
失業率（％）	4.4	3.8	3.3	3.6	4.4	4.8
賃金雇用（月変動，千人）	181	211	182	62	25	57
利子率（％）						
3カ月短期国債	0.9	1.9	2.9	3.6	3.7	2.8
10年中期国債	2.3	3.0	3.7	4.1	4.1	3.7

（注）1．PCE＝個人消費支出
　　　2．コアPCE＝食料・エネルギーを除いた個人消費支出
　　　3．賃金雇用＝第4四半期から翌年の第4四半期までの1年間の賃金雇用の変化量を12で除して得た月平均量
（出所）CBO (2018), p. 3.

表8-4　議会予算局（CBO）のベースライン予算の予測

（単位：10億ドル，％）

会計年度	2017	2018	2019	2020	2021	2022	2023	2024	2025	2026	2027	2028	2019-2023	2019-2028
金額（10億ドル）														
歳入	3,316	3,338	3,490	3,678	3,827	4,012	4,228	4,444	4,663	5,002	5,299	5,520	19,234	44,162
歳出	3,982	4,142	4,470	4,685	4,949	5,288	5,500	5,688	6,015	6,322	6,615	7,046	24,893	56,580
赤字	-665	-804	-981	-1,008	-1,123	-1,276	-1,273	-1,244	-1,352	-1,320	-1,316	-1,526	-5,660	-12,418
公債残高(年度末)	14,665	15,688	16,762	17,827	18,998	20,319	21,638	22,932	24,338	25,715	27,087	28,671	NA	NA
予算額の対GDP比（％）														
歳入	17.3	16.6	16.5	16.7	16.7	16.9	17.2	17.4	17.5	18.1	18.5	18.5	16.8	17.5
歳出	20.8	20.6	21.2	21.3	21.6	22.3	22.3	22.2	22.6	22.9	23.1	23.6	21.8	22.4
赤字	-3.5	-4.0	-4.6	-4.6	-4.9	-5.4	-5.2	-4.9	-5.1	-4.8	-4.6	-5.1	-4.9	-4.9
公債残高(年度末)	76.5	78.0	79.3	80.9	83.1	85.7	87.9	89.6	91.5	93.1	94.5	96.2	NA	NA
調整済赤字額の対GDP比	-3.5	-4.2	-4.6	-4.6	-4.9	-5.1	-5.1	-5.1	-5.1	-4.8	-4.6	-4.8	-4.9	-4.9

（注）調整済赤字額とはある会計年度から他の会計年度への支払移行の影響を除外した赤字額のことである。
　　　公債残高は連邦政府債務残高の民間保有分である。
（出所）CBO (2018), p. 4.

度には 8040 億ドル，2019 年度には 9810 億ドルに拡大し，2020 年度には 1 兆ドルの大台に乗りその後も増え続け，2028 年度には 1 兆 5260 億ドルにまで達するとの見通しを示した。2028 年度時点では，財政赤字の見通しはトランプ政権と CBO の間に 1 兆ドル以上の開きがある。2020 年度以降も 3％以上の高い成長を見込むトランプ政権と 2％を切る低成長を予想する CBO との差異が財政赤字の予測に反映した結果である。

④ CBO の予想通りに財政赤字が拡大していけば，連邦政府の債務残高（民間保有分）は，2018 年度の 780 億ドルから 2028 年度の 962 億ドルへと累積していく。2028 年の公債残高の対 GDP 比は 96.2％で 100％に近づいている。

(7) 議会予算局（CBO）の 2017 年 TCJA の所得分布への影響分析結果

CBO は，2017 年 12 月 21 日に，TCJA の所得分布への影響分析結果を公表した[24]。それによると，次の点を指摘できる。

① 2019 年には，2 万ドル未満の所得階層（納税者の約 23％）は，主にオバマケア（ACA）の個人加入義務の撤廃によって受け取れる補助金が減るので，財政赤字減らしに寄与し，自らの負担増を招くことになる。他の所得階層は主に TCJA の恩恵で，財政赤字を拡大させるが，自らは利益を受けることになろう。

② 2021 年，2023 年，2025 年に 4 万ドル未満の所得階層（納税者の約 43％）は財政赤字減らしに寄与するが，他方 4 万ドル以上の所得階層は財政赤字拡大に寄与する。

③ 2027 年に，7 万 5000 ドル未満の所得階層（納税者の約 76％）は財政赤字減らしに寄与するが，他方 7 万 5000 ドル以上の所得階層は財政赤字拡大に寄与する。

(8) 租税政策研究所の 2017 年 TCJA の所得分布への影響分析結果

アーバン・ブルッキングス租税政策研究所は，2017 年 12 月 18 日に TCJA

---

[24] CBO（2017b）.

の所得分布への影響分析結果を公表した[25]。この分析は，主に4万ドル未満の所得階層に大きな費用をかけることになるオバマケア（ACA）の個人加入義務の撤廃の影響を除外している。また同研究所は，TCJAの減税の財源が財政赤字で賄われると仮定している。したがって，同法の減税財源を賄うために使われる歳出削減の影響を除外しており，その影響もまた，低所得家族の所得に不釣り合いに及んでくる。その公表された，所得分布への影響分析結果の要点を挙げてみよう。

① 現行法と比べて，2018年に平均してすべての所得階層で税負担が下がり，税引後の全般的平均所得を2.2％増加させる。一般的には，税引後所得に対する減税額の割合は高所得層には大きくなる。その割合が最も大きいのは，所得分布の第95百分位から第99百分位の間の所得階層である。

② 現行法と比較して，2018年に納税者の5％，2025年には9％，2027年には53％がより多くの税を支払うことになる。

③ 納税者の上位1％（所得73万2800ドル以上）は，2018年に減税恩恵の8％，2025年に25％，2027年に83％を受け取る。

④ 納税者の上位5％（所得30万7900ドル以上）は，2018年に減税恩恵の43％，2025年に47％，2027年に99％を受け取る。

⑤ 納税者の上位20％（所得14万9400ドル以上）は，2018年に減税恩恵の65％，2025年に66％，2027年に100％を受け取る。

⑥ 下位80％（所得14万9400ドル未満）は，2018年に減税恩恵の35％，2025年に34％を受け取るが，2027年には減税恩恵はなく，一部の所得階層には費用が発生する。

⑦ 第3五分位（所得4万8600ドル～8万6100ドル，第40～第60百分位の納税者，「中間層」の代理）は，2018年と2025年に減税恩恵の11％を受け取るが，2027年には純費用が発生する見通しである。

同租税政策研究所はまた，各所得階層が受け取る見込みの減税額を2017年

25）TPC（2017a）．

ドルで，次のように推計している[26]。

① 第2五分位の納税者（所得2万5000ドル〜4万8600ドル，第20〜第40百分位）は，2018年に平均380ドル，2025年には390ドルの減税を受けるが，2027年には平均で40ドルの増税となる見込みである。

② 第3五分位の納税者（所得4万8000ドル〜8万6100ドル，第40〜第60百分位）は，2018年に平均930ドル，2025年に910ドルの減税を受けるが，2027年には20ドルの増税となる見込みである。

③ 第4五分位の納税者（所得8万6100ドル〜14万9400ドル，第60分位〜第80百分位）は2018年に平均1810ドル，2025年に平均1680ドル，2027年には30ドルの減税を受ける。

④ トップ1％の納税者（所得73万2800ドル以上）は，2018年に5万1140ドル，2025年に6万1090ドル，2027年に2万660ドルの減税を受ける見込みである。

(9) トランプ政権の2017年TCJAによる経済目標達成の困難

上記(1)は，トランプ政権による経済効果予測である。経済諮問委員会は，1.5兆ドルのトランプ大型減税による実質成長率は2020年までは3％を超えると主張し，財務省租税政策局は今後10年間でGDP上昇率約2.9％という2018年度政府予算案における政府予測を踏襲した上で，トランプ大型減税で税収が10年間で1.8兆ドル増えると分析した。つまり3000億ドルのお釣りがくるというのである。

しかし，(2)の議会合同租税委員会のマクロ経済分析，(3)のIMFの経済見通し，(4)のアーバン・ブルッキングス租税政策研究所のマクロ経済分析，(5)の責任ある連邦予算委員会の歳入予測，(6)のCBOの予算と経済の展望，のいずれにおいても，トランプ政権および同政権下の政府機関のように，大型減税で3％に近いような経済成長が継続し，そのことによって減税による税収減を上回るほどの税収増を確保できるというような甘い見通しを打ち出している

---

[26] TPC (2017a).

所はどこにもない。CBO は 2018 年だけ 3.3％の実質成長率を予測するが，2019 年以降は成長率の低下と大幅な財政赤字と債務残高の累積を予測している。他は皆政府予想より低い経済成長率と財政赤字の拡大を打ち出している。

また，トランプ大統領は 2017 年 9 月 27 日に共和党指導部と合意した TCJA の骨格案を発表したときに，大型法人減税によって，企業の設備投資や雇用拡大が進み，賃上げなどで中間所得層に恩恵が及ぶあるいは個人所得税率の簡素化や児童税額控除の拡大などで中間層に最大の恩恵が及ぶと強調した。しかし，(7)の CBO による TCJA の所得分布への影響分析結果や(8)のアーバン・ブルッキングス租税政策研究所による TCJA の所得分布への影響分析結果をみると，減税の恩恵は所得階層が上がるほど大きく，かつ租税負担は増えない。中間所得層（特に第 3 五分位の納税者）は，減税の恩恵に浴さないわけではないが，高所得層ほどではなく，個人所得税率の引下げ適用が 2025 年までなので，その後は純負担が発生する。

TCJA の内容の概要は表 8-1 に示されている。明らかに，この税制改革の最重点は，期間限定の多い個人減税よりも，恒久化措置の多い企業減税に置かれている。その改革の前提となる認識は，米国の企業の租税負担が重く国際競争上不利で，成長が阻害され，雇用喪失を招いているので，それを打開するためには抜本的な法人課税改革が必要だというのである。法人課税改革の中でも重要課題とされたのが，法定法人税率の引下げ，国際課税における領土主義課税への移行，通り抜け（パススルー）事業体減税等である。

以下 3-1 で米国の企業の租税負担の実態を明らかにした上で，3-2 で TCJA の法人課税改革内容，3-3 で国際課税の改革（領土主義課税への移行）と最低限の国際課税規定，3-4 で通り抜け（パススルー）事業体所得に対する 20％の所得控除といった問題を検討する。

3. 米国法人税負担の実態と2017年TCJAの法人課税改革内容の検討

3-1 米国法人税負担の実態

2017年TCJAまでの米国の法人税率が高かったのか低かったのか，表8-5によって国際比較してみよう。まず最高法定法人税率であるが，米国は確かに20カ国の中で一番高い。米国の連邦最高法定法人税率は，1993年以来35％であった。この上に，州法定法人税率の平均を加えると，39.1％となる。この39.1％という税率は，G20の最高法定法人税率の平均より10％ポイントも高い。平均法人税率は，米国とその他のOECD諸国では計算方法が違うので単純な比較はできないが，表8-5ではG20諸国の中で3番目に高い位置にある。

表8-5 G20諸国の法人税率（2012年）

（単位：％）

最高法定法人税率[1]		平均法人税率[2]		実効限界法人税率[3]	
アメリカ	39.1	アルゼンチン	37.3	アルゼンチン	22.6
日本	37.0	インドネシア	36.4	日本	21.7
アルゼンチン	35.0	アメリカ	29.0	イギリス	18.7
南アフリカ	34.6	日本	27.9	アメリカ	18.6
フランス	34.4	イタリア	26.8	ブラジル	17.0
ブラジル	34.0	インド	25.6	ドイツ	15.5
インド	32.5	南アフリカ	23.5	インド	13.6
イタリア	31.4	ブラジル	22.3	メキシコ	11.9
ドイツ	30.2	ロシア	21.3	インドネシア	11.8
オーストラリア	30.0	韓国	20.4	フランス	11.2
メキシコ	30.0	メキシコ	20.3	オーストラリア	10.4
カナダ	26.1	フランス	20.0	中国	10.0
中国	25.0	トルコ	19.5	南アフリカ	9.0
インドネシア	25.0	中国	19.1	カナダ	8.5
韓国	24.2	オーストラリア	17.0	サウジアラビア	8.4
イギリス	24.0	カナダ	16.2	トルコ	5.1
ロシア	20.0	ドイツ	14.5	ロシア	4.4
サウジアラビア	20.0	イギリス	10.1	韓国	4.1
トルコ	20.0			イタリア	-23.5

（注）1）最高法定法人税率＝税法に定められている法人税率の中で一番高い税率
  2）平均法人税率＝法人所得に対する支払法人税総額の比率。ただし，米国と他のOECD諸国では計算方法に違いがある。詳しい説明は，CBO（2017a）Appendix A 参照。
  3）実効限界法人税率＝限界投資収益に対する，限界投資収益にかかる法人税負担額の比率
（出所）CBO（2017a），p.2.

そうはいっても，2012年の米国の平均法人税率は29.0%であって，最高法定法人税率39.1%と比べれば，約10ポイントも低い。

また，実効限界法人税率は，G20諸国の中で4番目に高い位置にある。とはいえ，2012年の米国の実効限界法人税率は，最高法定法人税率と比べれば，約20%ポイントほど低い。この法人税率の低下は，特別減価償却制度や利子控除ができる社債金融による投資などによって説明することができる。

ところで，連邦法人税はすべての事業所得に課税されるわけではない。投資活動によって事業所得を得ている事業体は，C法人，S法人，パートナーシップ，個人事業主の4つのタイプに大別できる。連邦法人税が課税されるのはこれらの事業体の中でC法人だけである。残り3つの事業体には，法人税は課税されず，個人所得税だけが課税される。ここで注目しなければならないのは，図8-1に示されるように，1980年代初めには全事業所得の約8割がC法人の事業所得であったのが，30年後の2010年代初めには，C法人の事業所得

図8-1 事業体別事業所得の内訳（1980-2012年）

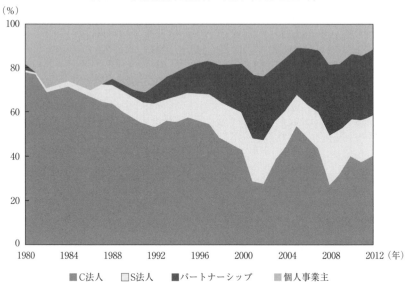

（出所）White House and Department of the Treasury（2016），p. 11 Figure 4に加筆修正。

表8-6 連邦法人税の対連邦税収比と対GDP比および税引後利益の対GDP比

(単位:%)

会計年度	法人税の対連邦税収比	法人税の対GDP比	税引後利益の対GDP比
1952	32.1	5.9	5.5
1955	27.3	4.4	6.6
1960	23.2	4.0	5.9
1965	21.8	3.6	7.8
1970	17.0	3.1	4.8
1975	14.6	2.5	5.2
1980	12.5	2.3	4.8
1985	8.4	1.4	5.9
1990	9.1	1.6	4.5
1995	11.6	2.1	6.3
2000	10.2	2.0	5.0
2005	12.9	2.2	8.1
2010	8.9	1.3	9.2
2015	10.8	1.9	8.5

(出所) Clemente, Blair and Trokel (2016), pp. 28-29 より作成。

は全事業所得の約4割しか占めなくなり,比重が半減している。つまり連邦法人税のかかるC法人の事業所得の割合が大きく後退していることを認識しておかねばならない。

ここで表8-6の連邦法人税の対連邦税収比と対GDP比の戦後の推移をみてみよう。法人税は1950年代初めには,連邦税収の約3割,対GDP比で5.9%を占めていたが,今や(2015年には)連邦税収の約1割,対GDP比1.9%にまで縮小している。1980年代初めから現在(2015年)に至るまでの期間でみても,C法人の事業所得の全事業所得に占める割合の低下もあって,法人税は対連邦税収比や対GDP比で後退傾向にある。ところが,表8-6で法人税のかかるC法人の税引後利益の対GDP比をみると,1980年代初めと比べて,現在(2015年)は,その数値が大きく上昇していることがわかる。つまり,C法人は連邦法人税の負担が重くて利益を上げられなくなっているわけではない。むしろ逆で,連邦法人税の負担が軽くなって,C法人の利益が増えているのである。

図8-2は,米国の非金融法人の税引き前利益率と税引き後利益率の推移を示したものである。米国非金融法人の税引き前利益率も税引き後利益率も,1990

図 8-2　米国非金融法人の税引き前と税引き後の利益率（1947-2015 年）

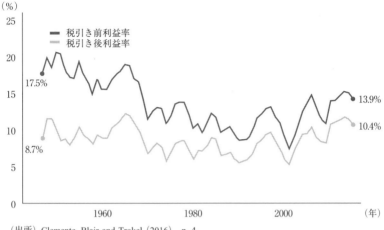

（出所）Clemente, Blair and Trokel（2016），p. 4.

年代後半からは，2000 年代初めと 2007-2009 年大不況期の下落はあるものの，トレンドとしては上昇傾向にある。米国の非金融法人は，法人税の負担が重くて利益が上がらない状態にはなっていない。むしろ，税引き前利益率も税引き後利益率もともに，1960 年代後半以来の高水準にある。したがって，もっと競争的になるために法人税減税が必要ということはいえないのではないか。

ここで，利益を上げている大企業が最高法定法人税率 35％よりはるかに低い税負担しか負っていないことを明らかにした，租税・経済政策研究所の 2017 年 3 月の報告書によって，大企業の租税負担の実態に迫ってみよう[27]。

表 8-7 は，その報告書の概括表である。フォーチュン 500 社の中で 2008 年から 2015 年までの期間において，1 年たりとも欠損を出さずに一貫して利益を出し続けている 258 社の実効税率の実態を示している。

258 社の実効平均税率は，21.2％で 35％よりはるかに低い。とりわけ税率の低いのは 48 社（全体の約 2 割）で，そのうち実効平均税率がゼロかそれ未満であるのが 18 社，実効平均税率が 0％〜10％の間にあるのが 30 社である。さら

27）　Gardner, McIntyre and Philips（2017），pp. 1-72.

表8-7 フォーチューン500社の中の利益を上げている258の大会社の8年間の税率（2008-2015年）

実効税率グループ	会社数	同割合(%)	2008-2015年（10億ドル）			8年間の平均利潤（100万ドル）	
			利潤	法人税	平均税率(%)	課税前	課税後
17.5%未満	83	32	1274.2	107.5	8.4	15,352	14,057
17.5%〜30%	109	42	1627.2	393.7	24.2	14,929	11,317
30%超	66	26	909.2	305.7	33.6	13,775	9,143
全258社	258	100	3,810.6	806.9	21.2	14,770	11,642
とりわけ税率の低い48社							
ゼロかそれ未満	18	7	178.0	-7.2	-4.0	9,889	10,289
0%〜10%	30	12	584.0	40.5	6.9	19,467	18,117

（出所）Gardner, McIntyre and Philips (2017), p. 3.

に詳しくいうと，100社は8年間のうち少なくとも1年間は利益があるのに，実効税率がゼロかそれ未満である。また24社は8年間のうち少なくとも4年は，実効税率がゼロである。

258社は，2008-2015年期に税引き前利益3兆8000億ドル超を稼いでいた。もしこの税引き前利益3兆8000億ドルにもろに35%の法定法人税率が適用されているとすると，258社は1兆3300億ドルの税を支払わねばならなかったであろうが，実際に支払ったのはその60.4%にあたる8030億ドルであった。租税・経済政策研究所の報告書は，この本来支払うべき税額1兆3300億ドルと実際に支払った税額8030億ドルの差額5270億ドルを8年間の租税補助金（租税支出）とみなしている。しかもこの金額の半分超になる2860億ドルが25社に行き，1社当たりでは54億ドルの租税補助金を受け取ったことになるという。

同報告書は，258社の実際の法人税負担を軽減する租税補助金の内訳を明らかにしていないが，主な租税補助金項目として，オフショア・タックス・プランニング，加速度減価償却，ストップ・オプション，特定産業減税措置などを挙げている。これらの中で，ストップ・オプションを使っての租税負担軽減額が明らかにされている。2008-2015年期に258社でストップ・オプションを使って，516.9億ドルの租税負担が軽減されている。

176　第3部　外国財政と経済成長・財政再建

表8-8　法人租税支出（2016年度）

上位10個の法人租税支出	金額（10億ドル）	構成比（％）
従属外国子会社の能動的所得の繰り延べ	102.7	38.4
179条事業償却資産即時費用化	34.2	12.7
代替的減価償却制度を超過した設備の償却	17.3	6.5
国内製造活動控除	14.5	5.4
同種資産の交換取引に係る利得の繰り延べ	11.1	4.2
公共目的で発行する州・地方債の利子の除外	9.8	3.7
研究開発費税額控除	9.4	3.5
能動的金融所得の繰り延べ	9.1	3.4
低所得住宅税額控除	7.9	3.0
非ディーラー割賦販売に係る利得の繰り延べ	6.8	2.5
上位10個の法人租税支出の合計	222.8	83.4
全ての法人租税支出の合計	267.2	100.0

（出所）Sherlock and Marples（2017），pp. 24-25より作成。

　以上のように，企業の実際の法人税負担が35％の法定法人税率よりはるかに低く，かつ利益を上げている企業でも実際に税金をまったく払っていないものもあることがわかったが，租税補助金（租税支出）がそれに大きくかかわっていたのである。そこで，今度は連邦法人税全体に関しての租税支出がどの程度で，どのような内容なのかを表8-8でみてみよう。

　2016年度の連邦法人租税支出合計額は2672億ドルで，そのうち金額の大きい上位10個の法人租税支出が8割を超えている。中でも，「従属外国子会社の能動的所得の繰り延べ」が38.4％，「179条事業償却資産即時費用化」が12.7％で，両者を合わせると50％を超える。そこで当然のことながら米国の法人は，現在の好況下において，税引き後所得が増え続けている中で，法定税率を引き下げ，かつ法人租税支出をも拡大するような改革を果たして必要としているのかという疑問が湧いてくるのである。

3-2　2017年TCJAの法人課税改革内容の検討

　TCJAは，米国の大企業500社の税負担を2018年に750億〜1000億ドル引き下げ，利益を8％ほど引き上げると予想されている。また，2018年早々に約300社が，ボーナス，給与，401（k）拠出金の引上げを発表した。CNBC/Fedの経済学者の意見調査を受けて，ファンド・マネージャー，企業戦略家は，

TCJAの減税の恩恵の約半分は，株主の配当金の引上げ，自社株買い，債務償還に充てられることになろうと予想している[28]。

以下では，TCJAの法人課税改革の主な内容について検討しよう。

(1) 法人税率の引下げ

従来米国の連邦法人税は最高税率35％の累進課税であったが，TCJAで税率は一律21％に引き下げられた。OECDの国際比較のデータは2016年が最新であるが，2016年の法人税収の対GDP比を35カ国で国際比較すると，ニュージーランドが一番高く4.7％で，スロベニアが一番低く1.6％で，米国を除く34カ国の平均は2.9％である。米国は2.2％で他の34カ国の平均より低く，35カ国中24番目の低い位置にあった米国の法人税の最高税率が2016年時点で35％で高すぎるといわれたが，実際のところ国民経済（GDP）に対しての法人税負担は国際的には決して重くはなかったのである。それにもかかわらず米国の法人税率は高すぎるという批判を受けて，一律21％にまで引き下げられた。租税・経済政策研究所は，米国の法定法人税率だけ一律21％に変わったが他は変わらなかったとして，OECD35カ国で国際比較した場合，法人税収の対GDP比は，米国が1.5％となり最も低い国になると試算している[29]。

法定法人税率の上述のような引下げで誰が最も大きな恩恵を受けるのかという疑問が当然湧く。これについて，予算・政策優先研究所は，次のような見解を示している[30]。

① この大規模減税によって株主が大きな恩恵を受ける。② 法人税率引下げの恩恵の3分の1は所得上位1％層の世帯に流れ込む。③ この法人減税の恩恵は主に労働者に行くというトランプ政権の主張とは反対に，その恩恵の75％以上が株主に行く。④ 賃金や給与に行く恩恵の大部分も，CEOやその他高給取りの執行役員に行く。⑤ ほんのささやかな恩恵が，ここ何十年間の遅い賃金上昇で最も痛めつけられてきた中間・下層の労働者に行く。

---

28) Zaretsky (2018), p. 2.
29) ITEP (2016) 参照。
30) Marr, Duke and Huang (2018), p. 5.

ところで、前のオバマ政権も米国の企業課税改革の必要性を認識し、2012年2月に財務省と共同で『大統領の企業課税改革の枠組み』という報告書を発表し、2016年4月にその改訂版を発表してきた。オバマ政権の改革の枠組みは、生産性や成長を損なっている経済的歪みを減らすために、数多くの租税支出を削除し、企業の課税ベースを根底的に改革するのとセットで法人税率を引き下げるというものであった。しかしながら、トランプ政権と議会共和党が成立させたTCJAの法人課税改革は、税率の大幅引下げだけでなく、勿論それによって租税支出のコストあるいは規模を減少させるが、法人税法上の租税優遇規定で見れば、全体的には租税支出を拡大して課税ベースを侵食する内容のものではなかったかと考える。次にその内容を少し詳しく検討してみよう。

(2) 法人租税支出の全体的拡大＝課税ベースの縮小か？

ここでは、法人の税負担を軽減する優遇税制すなわち法人租税支出がTCJAの改革で拡大したのか、縮小したのかを検討する。それは裏を返せば課税ベースの縮小又は拡大となる。

結論的に言えば、次の①は租税支出縮小条項も含むが、全体としては租税支出を拡大する。②③は租税支出を拡大する。④⑤⑥は租税支出を縮小する。⑦は全く新しい租税支出の創出である。①〜⑦全体では、租税支出拡大＝課税ベース縮小の改革となった[31]と思われる。

① 繰越欠損金

これまで繰越欠損金で控除できる課税所得に制限はなかったが、TCJAでは当期課税所得の80％までに制限される。また、これまで繰越期間は20年まで、繰戻期間は2年までとされていたが、TCJAでは繰越期限を無期限に、繰戻は廃止される。なお、2017年までに発生した繰越欠損金は従来のルールが適用される。

② 固定資産（設備投資）の即時償却制度の創設

これまで、米国歳入法第168(k)条の下で、特定要件を満たす固定資産購入

---

[31] ①〜⑥の解説は、PwC税理士法人（2017）, 1-6ページ；PWC（2017）, pp. 3-8. ⑦については、Harris, Steuerle and Quakenbush（2018）, p. 3.

に対し50％の一括償却が認められていた。TCJAではこれが100％となった。ただし，2022年以降毎年この償却率が段階的に縮小していく。

③ 固定資産（設備投資）の即時償却選択の拡大

これまで，米国歳入法179条の下で当年度の固定資産購入金額の合計が200万ドルを超えない限り，最大50万ドルまでを即時損金算入することができた。200万ドルを超える場合即時償却額は逓減された。TCJAでは当年度の購入金額合計が250万ドルを越えない限り，最大で100万ドルの一括損金算入が可能となった。当年度の購入金額合計が250万ドルを超えると即時償却額が逓減され，350万ドル以上になると適用されなくなる。

④ 支払利子の損金算入制限

これまで，米国歳入法第163条に基づき海外関連法人への支払利息の損金算入に制限が設けられていた。TCJAでは調整後課税所得（課税所得に支払利息や税金，減価償却等を加えた所得）の30％を超えるネット支払利息の損金算入制限制度が導入された。

⑤ 国内製造控除制度の廃止

これまで，米国歳入法第199条の下で，国内で製造に従事する者に最大で所得額の9％の所得控除が認められていたが，TCJAではこれが廃止された。

⑥ 国内受取配当控除の改定

これまで，株式持ち分に応じて70〜80％の配当所得控除が認められていた。TCJAではこれが50〜65％へと縮小された。

⑦ オポチュニティ・ゾーン租税優遇措置の新設

経済的に困窮している地域における適格な新規投資に対して税負担を軽減する優遇措置が新設された。5年間で約70億ドルの減税規模になると見込まれている。

(3) 代替ミニマム税（AMT）の廃止

従前の制度上は，15％〜35％の累進税率による通常の税額とは別に，課税所得に一定の調整を加えた額に対して20％の税率による代替ミニマム税（AMT）の計算を行い，いずれか多い税額が最終的な法人税額とされていた。TCJAで

はこれが廃止された。最高法定法人税率が 35% のときには，企業が研究開発費税額控除を含め，多くの所得控除や税額控除を使って税負担逃れをするのを制限するために，負担すべき税を計算する際に通常の法人税に代替する 20% 税率の AMT が置かれてきた。

だが TCJA で最高法定法人税率が，AMT の税率 20% とほとんど同じ一律 21% にまで引き下げられたときには，研究開発費を多く使うハイテク企業や製薬企業の強い反対もあって，法人に対する AMT は廃止となった。つまりこれまで各種控除に制限（税優遇項目の取消し）のあった AMT 支払い企業は，TCJA 実施後は通常の法人税を支払う代わりに，取り消されていた税優遇項目を利用できるようになったのである。これも TCJA における法人税の租税支出の拡大＝課税ベースの縮小と捉えることができる。

3-3　国際課税の改革（領土主義課税への移行）

次の(1)と(2)の①～④が TCJA の国際課税改革の主要項目である[32]。

(1)　海外配当益金不算入制度（領土主義課税の創設）

これまでの制度は，全世界所得課税制度を採用しており，海外子会社からの配当は米国で最高 35% の高税率で課税されるとともに，外国税額控除により二重課税を排除する措置が採られていた。

しかし，多くの多国籍企業は高税率の課税を嫌って海外に 2.5 兆ドルもの資金をため込んでいた。TCJA ではこの配当への課税を原則なくすことになった。もう少し詳しくいうと，米国法人が 10% 以上の株式を保有する外国法人から受け取る配当の全額が益金不算入となった。つまり米国は領土主義課税に移行した[33]。そうしたのは，米国の企業が海外留保資金を本国に戻して M&A（合併・吸収）や自社株買いなどで実態経済と株式市場を活性化させることを期

---

[32]　(1)と(2)の①～④の解説は，PwC 税理士法人（2017），8-11 ページ；PWC（2017），pp. 8-13.
[33]　領土主義課税への移行に関する日米比較研究に関しては，諸富（2018）を参照のこと。

待してのことである。そうなればその恩恵に最も浴するのは大企業と株主になることはいうまでもない。

ただこの制度は，米国の多国籍企業が帳簿上の利益ではなく，実際の投資を海外に移そうとする大きな，かつ恒久的な誘因を生み出す危険性もある。これはまた，米国への投資を減らし，詰まるところ米国の労働者の賃金削減に行きつく可能性がある。表8-6をみてもわかるように，TCJA 成立1年前の法人租税支出の最大の項目は，海外子会社の能動的所得の繰り延べで，構成比は4割近かった。もし TCJA の下で海外留保資金が共和党政権の期待に反して米国に戻されずに海外に留保され続ければ，法人租税支出を一段と大きくする可能性もある[34]。もっとも，TCJA はこうした誘因が招くダメージを抑えようとする幾つかの最低限の国際課税規定は盛り込んではいる。

(2) 最低限の国際課税規定

① 海外留保所得にかかる強制みなし配当課税制度の創設

海外配当益金不算入制度導入以前に蓄積された未課税の海外利益については，同制度導入直前に配当されたとみなされ（強制みなし配当），米国株主レベルで課税の対象となる。みなし配当のうち金銭・金銭同等物から成るとみなされる部分は15.5％の税率で，それ以外は8％の税率で課税される。

② CFC 認識の定義拡大

従来米国人が50％超の持分を有する外国法人は，従属海外子会社（CFC）と認識されていた。この定義に加え，TCJA では，海外子会社を海外親会社を通じて保有する場合でも，その海外子会社が米国法人の CFC と認識されることになる。

③ グローバル無形資産低課税所得への課税

従来からサブパートF所得と呼ばれて，海外子会社が生み出す所得のうち基準を満たすものは米国親会社でも課税所得として認識するルールが存在した。TCJA では新たにグローバル無形資産低課税所得（GILTI）を課税所得に合

---

[34] Marr, Duke and Huang (2018), p. 18.

算することが義務づけられた。GILTI は，CFC で発生した一定以上の所得を米国親会社の株式持ち分に応じて特定の方法で算出される。GILTI にかかる外国税額はグロスアップされて課税所得に算入され，当該外国税額の 80％を限度として外国税額控除が適用される。

④　税源侵食濫用防止税（BEAT）の制定

TCJA では海外の関連者への支払いがある場合，特定の方法で税源侵食濫用防止税（BEAT）が算出され，課税される。ただし，50％超の関連グループで過去3年の平均売上げ5億ドル超が対象となる。海外関連会社の売上げは米国事業所得に関連する売上げのみが含まれる。

3-4　通り抜け（パススルー）事業体所得に対する 20％の所得控除

TCJA では，通り抜け（パススルー）所得を事業体構成員の課税所得に合算した上で，通り抜け事業体からの国内適格事務所得の 20％相当額を課税所得から控除することができるようになった。これまでは，この 20％所得控除制度はなかった。なお，この制度において構成員の課税所得が 31 万 5000 ドル（夫婦合算）または 15 万 7500 ドル（それ以外）を超える場合は一定の控除制限が行われる[35]。

この新制度をどう評価するべきか。その前に理解しておくべき事柄がある。通り抜け事業体所得課税は，個人所得課税であって法人所得課税ではないことである。事業所得であっても法人段階では課税されず，個人段階で課税される所得である。もう一度図 8-1 の事業体別事業所得の内訳をみてみよう。法人税がかかるのは C 法人の事業所得で，通り抜け事業体（S 法人，パートナーシップ，個人事業主）にはその事業所得に個人所得税だけがかかるのであるが，1990 年代以降今日までに C 法人所得の構成比が低下し，通り抜け事業体所得の構成比が上昇し，今日大体 4 対 6 の比率になっている。事業所得の申告数を事業体別に割合をみると，2015 年で C 法人 4.4％，S 法人 12.2％，パートナーシッ

---

35)　通り抜け事業体所得に対する 20％の所得控除の解説は，PwC 税理士法人（2017），13-14 ページ；PWC（2017），pp. 13-16.

プ 10.1％，個人事業主 68.3％，農業者 5.0％となっており，C 法人の割合がきわめて低くなっている[36]。こうなったのには理由がある。C 法人に適用される法定法人税率は，1990 年代初め以来最高税率が 35％に据え置かれ，しかも累進税率であった。加えて C 法人の株主の配当やキャピタル・ゲインには個人所得税がかかり，二重課税が調整されて来なかったのに対し，通り抜け事業体の場合には，個人段階でしか課税されないので有利であった。実効限界税率を比較しても，2015 年で C 法人が 30.1％であるのに対し，通り抜け事業体は 25.3％であった[37]。このため C 法人を選択せず通り抜け事業体を選ぶ事業者が増えてきたのである。

さて，TCJA は通り抜け事業所得に対して 20％の所得控除を認めたのであるが，これは実際の事業所得の大半を受け取っている富裕な事業体所有者をきわめて優遇することになる。さらに，彼らは，事業体から受け取っていた賃金や給与を通り抜け事業所得に転換することによって，新しい控除（20％控除）を利用し，大きな節税ができるようになるかもしれない。新たな事業所得租税支出の誕生である。この租税支出は 2018 年から 2022 年までの 5 年間で 2030 億ドルになると予測されている[38]。

4. お わ り に

本章で検討した事柄を簡単にまとめておこう。

トランプ政権と議会共和党が成立させた，2017 年 TCJA は，レーガン政権以来のトリクルダウン経済学に依拠した，大型減税政策を柱とする共和党の伝統的経済政策を根拠づけるものである。そこで，先行実験となった，1980 年代のレーガン政権と 2000 年代のブッシュ（子）政権の大型減税について，経済成長，財政再建ないし財政健全化，所得再分配ないし経済格差是正の観点から，その経済実績を検証した。その結果は一時的な景気浮揚はみられるもの

---

[36] JCT (2018), p. 32 より算出。
[37] White House and the Department of Treasury (2016), p. 10.
[38] Harris, Steuerle and Quakenbush (2018), p. 3.

の，持続的な経済成長は伴わず，財政赤字と経済格差は拡大し，両政権が期待したようにはならなかった。そればかりでなく，財政赤字や経済格差は負の遺産として残った。

トランプ政権の大型減税は始まったばかりであるが，主な官民の研究機関のTCJAの経済効果予測をサーベイしたところ，やはり一時的な景気浮揚効果は認めつつも，持続的な経済成長は望み得ず，財政赤字と経済格差は拡大するとの予測が大勢で，過去のレーガン政権やブッシュ（子）政権と同じく，トランプ政権の期待するような成果が得られず，またも負の遺産になって終わるのではないか。

本章では，紙幅の関係で法人課税改革と個人課税改革の両方を含めた2017年TCJAの包括的議論はできなかったが，税制改革の最重点が法人課税改革なので，その内容を検討した。

法人課税改革については，本当に法人は国際的競争に耐えられないほどの税負担を負っていて，法人減税は喫緊の課題なのかという問題がある。確かに，米国の最高法定法人税率だけみれば，G20の中で一番高いようにみえるが，実際の法人の税負担はそうではない。そもそも，法定法人税率が適用されるのは，事業所得のうちC法人（普通法人）の事業所得にだけ適用される。ところが，C法人の事業所得の割合が次第に減少して今や全体の4割程度でしかない。C法人以外のS法人，パートナーシップ，個人事業主などの通り抜け事業体の事業所得は，法人税がかからず，個人所得課税の対象となる。1990年代以降それ以前と比べれば，連邦法人税の対連邦税収比や対GDP比は，低下しているのに対し，非金融法人の税引き後利益率は上昇傾向にある。また，フォーチューン500社中利益を上げている大企業258社の8年間の税率を調査した研究では，平均税率は21.2％で，ゼロ未満から10％までの低い税率の会社は48社もある。C法人の税負担の実態がこのようなのに，果たして大幅な法人減税が必要なのかという疑問が湧く。

大企業の実際の法人税負担が法人税率よりずっと低いのは，法人租税支出が大きいからである。したがって，オバマ民主党政権の下では，法人税率をある

程度下げる代わりに，法人租税支出（ループホール）を塞ぐことで，課税ベースの拡大を図る提案をした。しかるに，2017年TCJAでは，最高法定法人税率を35％から一気に21％まで引き下げたが，法人租税支出（ループホール）を積極的に塞ごうとしなかった。

特に法人租税支出の中で一番構成比の大きい「外国子会社の能動的所得の繰り延べ」に関し，これまで課税するとしていた建前（全世界所得課税）も放棄し，課税しない領土主義課税に移行した。トランプ政権は，これによって多国籍企業の米国内への投資が活発化することを期待するが，逆に一層多国籍企業が資金を海外に留保する可能性も否定できない。

その他，法定法人税率の適用を免れている，S法人，パートナーシップ，個人事業主等の通り抜け（パススルー）事業体の個人段階での課税において，20％の所得控除が新たに設けられた。これらの減税の恩恵は，大企業の株主や富裕層に多く帰属することが間違いなく，米国における経済格差を一層拡大することになると思われる。

トリクルダウン経済学に拠った大規模減税路線は，3度目の失敗を迎えることになりそうであるが，それに取って代わるオバマ政権が唱えたような中間層経済学やトリクルアップ経済学に支持が集まるような政治状況が生まれることを期待するしか仕方がない。

参 考 文 献

片桐正俊（1995）「アメリカ福祉国家の問題先鋭化」『東京経大学会誌』191号。

片桐正俊（2005）『アメリカ財政の構造転換：連邦・州・地方財政関係の再編』東洋経済新報社。

片桐正俊（2010）「グローバル化下のアメリカの法人税負担―2000年代ブッシュ政権期を中心に―」片桐正俊・御船洋・横山彰編著『グローバル化財政の新展開』中央大学出版部，193-240ページ。

片桐正俊（2012）「アメリカの所得分配の不平等化と税財政による所得再分配機能及び租税負担配分の実態―2000年代ブッシュ政権期を中心に―」（『経済学論纂（中央大学）』第52巻第3号）。

片桐正俊（2016）「米国連邦税負担研究の総括とオバマ政権の税制改革の方向」（『経済学論纂（中央大学）』第56巻第3・4合併号）1-25ページ。

片桐正俊（2017）「米国の所得・資産格差拡大，中間層の衰退とオバマ政権の中間

層経済学―ブッシュ政権・オバマ政権期を中心に―」(『経済学論纂(中央大学)』第57巻第3・4合併号)。

片桐正俊 (2018)「オバマ政権の経済縮小・財政健全化・経済格差縮小の成果と課題」(『経済学論纂(中央大学)』第58巻第3・4合併号)。

神山弘行 (2018)「米国税制改正の国際的側面― Tax Cuts and Jobs Act の光と影」(『ジュリスト:特集国際課税の動向と展望』3月号)。

経済企画庁 (1987)『昭和62年世界経済白書』第2章第3節「レーガン政権下の経済政策の評価」。

経済企画庁 (1989)『平成元年　年次世界経済報告本編』第1章第4節「財政・金融政策の動向」。

経済企画庁 (1990)『平成2年　年次世界経済報告本編』第1章第1節「景気拡大の減速」。

ハードマン,メイン著・監査法人サンワ東京丸の内事務所訳 (1982)『Economic Recovery Tax Act/1981 レーガンの経済再建税法―解説と注釈―』財経詳報社。

パールマン,ロナルド (2002)「米国レーガン政権下における税制改革の経験」3月26日税制調査会総会報告。

ベロウズ,ジョン L. (2017)「税制改革:1986年と今回の改革」(『ウェスタン・アセット』12月) 1-5ページ。

諸富徹 (2018)「多国籍企業課税と海外子会社利潤:「領土内所得課税」方式への移行に関する日米比較研究」『彦根論叢』No. 415, 2月。

PwC 税理士法人 (2017)「米国税制改正:最終法案の法制化」(『PwC Tax Japan Hot Topics』12月25日) 1-16ページ。

Aron-Dive, Aviva, Richard Kogan, and Chad Stone (2008), "How Robust Was the 2001-2007 Economic Expansion?," *Center on Budget and Policy Priorities Report*, Updated August 29, pp. 1-6.

Bivens, Josh and John Irons (2008), "A Feeble Recovery : The Fundamental Economic Weakness of the 2001-07 Expansion,"*EPI Briefing Paper*, Updated December 9, pp. 1-9.

Center on Budget and Policy Priorities (CBPP) (2008), *Tax Cuts : Myths and Realities*, Revised May 9.

Clemente, Frank, Hunter Blair, and Nick Trokel (2016), *Corporate Tax Chartbook: How Corporations Rig the Rules to Dodge the Taxes They Owe*, Economic Policy Institute, September 19, pp. 1-31.

Committee for a Responsible Federal Budget (CRFB) (2018), *Sizing up Revenue with the Tax Bill Enacted*, January 5, pp. 1-2.

Congressional Budget Office (CBO) (2017a), *International Comparisons of Corporate Income Tax Rates*, March.

Congressional Budget Office (CBO) (2017b), *Distributional Effects of Changes in Taxes and Spending Under the Conference Agreement for H.R.I*, December 21.

Congressional Budget Office (CBO) (2018), *The Budget and Economic Outlook: 2018 to 2028*, April.

Council of Economic Advisers (CEA) (2008), *Economic Report of the President Transmitted to the Congress*, GPO, February.
Council of Economic Advisers (CEA) (2009), *Economic Report of the President Transmitted to the Congress*, GPO, February.
Department of the Treasury (2017), *Analysis of Growth and Revenue Estimates Based on the U.S. Commerce on Finance Tax Reform Plan*, December 11.
Fieldhouse, Andrew and Ethan Pollack (2011), *Tenth Anniversary of the Bush-Era Tax Cuts : A Dacade Later, the Bush Tax Cuts Remain Expensive, Ineffective, and Unfair*, Economic Policy Institute, June 1, pp.1-7.
Gardner, Matthew, Robert S. McIntyre, and Richard Phillips (2017), *The 35 Percent Corporate Tax Myth: Corporate Tax Avoidance by Fortune 500 Companies, 2008-2015*, Institute on Taxation and Economic Policy, March, pp. 1-72.
Harris, Benjamin H., Eugene Steuerle, and Caleb Quakenbush (2018), *Evaluating Tax Expenditures: Introducing Oversight into Spending through the Tax Code*, Tax Policy Center, Urban Institute & Brookings Institution, July 10, pp. 1-19.
Huang, Chye-Ching and Nathaniel Frenz (2012), *Bush Tax Cuts Have Provided Extremely Large Benefits to Wealthiest Americans over Last Nine Years*, Center on Budget and Policy Priorities, July 30, pp. 1-3.
Institute on Taxation and Economic Policy (ITEP) (2018), *Trump Tax Cuts Likely Make U. S. Corporate Tax Level Lowest Among Developed Countries*, April 11.
International Monetary Fund (IMF) (2018), *Brighter Prospects, Optimistic Markets, Challenges Ahead*, January 22, pp. 1-8.
Joint Committee on Taxation (JCT) (2017), *Macroeconomic Analysis of the Conference Agreement for H.R.I, the "Tax Cuts and Jobs Act,"* December 22.
Joint Committee on Taxation (JCT) (2018), *Overview of the Federal Tax System as in Effect for 2018*, JCX-3-18, February 7.
Marr, Chuck, Brendan Duke, and Chye-Ching Huang (2018), *New Tax Law Is Fundamentally Flawed and Will Require Basic Restructuring*, Center on Budget and Policy Priorities, April 9.
PWC (2017), "Congress Gives Final Approval To Tax Reform Conference Committee Agreement," *Tax Insights from Washington National Tax Services*, December 20, pp. 1-37.
Sherlock, Molly F. and Donald J. Marples (2017), "The Federal Tax System for the 2017 Tax Year," *CRS Report* R45053, December 26.
Tax Policy Center (TPC), Urban Institute & Brookins Institution (2017a), *Distributional Analysis of the Conference Agreement for the Tax Cuts and Jobs Act*, December 18, pp. 1-8.
Tax Policy Center (TPC), Urban Institute & Brookings Institution (2017b), *Macroeconomic Analysis of the Tax Cuts and Jobs Act*, December 20, pp. 1-4.
Toder, Eric (2017), "Territorial Taxation : Choosing Among Imperfect Options, " *AEI Economic Perspectives*, American Enterprise Institute, December.

White House and Department of the Treasury (2016), *President's Framework for Business Tax Reform: An Update*, April.

White House (2018), *Growing the American Economy: The Economic Report of the President*, February 21, pp. 1-2.

Zaretsky, Renu (2018), "Will the Tax Cuts and Jobs Act grow US business ?," *Tax Box : Business Taxes*, Tax Policy Center, February 7.

執筆者紹介 （執筆順）

関野 満夫 （せきの みつお）　研究員（中央大学経済学部教授）
栁下 正和 （やなぎした まさかず）　元客員研究員（城西大学経営学部教授）
横山 彰 （よこやま あきら）　研究員（中央大学総合政策学部教授）
柏木 恵 （かしわぎ めぐみ）　客員研究員（キヤノングローバル戦略研究所研究主幹）
矢尾板俊平 （やおいた しゅんぺい）　客員研究員（淑徳大学コミュニティ政策学部准教授）
田代 昌孝 （たしろ まさゆき）　客員研究員（桃山学院大学経済学部教授）
広瀬 義朗 （ひろせ よしろう）　客員研究員（東京都立産業技術高等専門学校ものづくり工学科准教授）
片桐 正俊 （かたぎり まさとし）　客員研究員（東京通信大学情報マネジメント学部教授，中央大学名誉教授）

編者紹介

篠原 正博 （しのはら まさひろ）　研究員（中央大学経済学部教授）

経済成長と財政再建　　　中央大学経済研究所研究叢書 73

2018 年 9 月 28 日　発行

編　者　　篠原正博
発 行 者　　中央大学出版部
　　代表者　　間島進吾

東京都八王子市東中野 742-1

発行所　中央大学出版部

電話 042(674)2351　FAX 042(674)2354

Ⓒ 2018　篠原正博　　ISBN978-4-8057-2267-1　　藤原印刷㈱

本書の無断複写は，著作権法上の例外を除き，禁じられています。
複写される場合は，その都度，当発行所の許諾を得てください。

中央大学経済研究所研究叢書

6. 歴史研究と国際的契機	中央大学経済研究所編 A5判	1400円
7. 戦後の日本経済——高度成長とその評価——	中央大学経済研究所編 A5判	3000円
8. 中小企業の階層構造 ——日立製作所下請企業構造の実態分析——	中央大学経済研究所編 A5判	3200円
9. 農業の構造変化と労働市場	中央大学経済研究所編 A5判	3200円
10. 歴史研究と階級的契機	中央大学経済研究所編 A5判	2000円
11. 構造変動下の日本経済 ——産業構造の実態と政策——	中央大学経済研究所編 A5判	2400円
12. 兼業農家の労働と生活・社会保障 ——伊那地域の農業と電子機器工業実態分析——	中央大学経済研究所編 A5判	4500円〈品切〉
13. アジアの経済成長と構造変動	中央大学経済研究所編 A5判	3000円
14. 日本経済と福祉の計量的分析	中央大学経済研究所編 A5判	2600円
15. 社会主義経済の現状分析	中央大学経済研究所編 A5判	3000円
16. 低成長・構造変動下の日本経済	中央大学経済研究所編 A5判	3000円
17. ME技術革新下の下請工業と農村変貌	中央大学経済研究所編 A5判	3500円
18. 日本資本主義の歴史と現状	中央大学経済研究所編 A5判	2800円
19. 歴史における文化と社会	中央大学経済研究所編 A5判	2000円
20. 地方中核都市の産業活性化——八戸	中央大学経済研究所編 A5判	3000円

― 中央大学経済研究所研究叢書 ―

21.	自動車産業の国際化と生産システム	中央大学経済研究所編 A5判	2500円
22.	ケインズ経済学の再検討	中央大学経済研究所編 A5判	2600円
23.	AGING of THE JAPANESE ECONOMY	中央大学経済研究所編 菊判	2800円
24.	日本の国際経済政策	中央大学経済研究所編 A5判	2500円
25.	体制転換――市場経済への道――	中央大学経済研究所編 A5判	2500円
26.	「地域労働市場」の変容と農家生活保障 ――伊那農家10年の軌跡から――	中央大学経済研究所編 A5判	3600円
27.	構造転換下のフランス自動車産業 ――管理方式の「ジャパナイゼーション」――	中央大学経済研究所編 A5判	2900円
28.	環境の変化と会計情報 ――ミクロ会計とマクロ会計の連環――	中央大学経済研究所編 A5判	2800円
29.	アジアの台頭と日本の役割	中央大学経済研究所編 A5判	2700円
30.	社会保障と生活最低限 ――国際動向を踏まえて――	中央大学経済研究所編 A5判	2900円 〈品切〉
31.	市場経済移行政策と経済発展 ――現状と課題――	中央大学経済研究所編 A5判	2800円 〈品切〉
32.	戦後日本資本主義 ――展開過程と現況――	中央大学経済研究所編 A5判	4500円
33.	現代財政危機と公信用	中央大学経済研究所編 A5判	3500円
34.	現代資本主義と労働価値論	中央大学経済研究所編 A5判	2600円
35.	APEC地域主義と世界経済	今川・坂本・長谷川編著 A5判	3100円

中央大学経済研究所研究叢書

36.	ミクロ環境会計とマクロ環境会計	A5判	小口好昭編著 3200円
37.	現代経営戦略の潮流と課題	A5判	林・高橋編著 3500円
38.	環境激変に立ち向かう日本自動車産業 ——グローバリゼーションさなかのカスタマー・サプライヤー関係——	A5判	池田・中川編著 3200円
39.	フランス—経済・社会・文化の位相	A5判	佐藤 清編著 3500円
40.	アジア経済のゆくえ ——成長・環境・公正——	A5判	井村・深町・田村編 3400円
41.	現代経済システムと公共政策	A5判	中野 守編 4500円
42.	現代日本資本主義	A5判	一井・鳥居編著 4000円
43.	功利主義と社会改革の諸思想	A5判	音無通宏編著 6500円
44.	分権化財政の新展開	A5判	片桐・御船・横山編著 3900円
45.	非典型労働と社会保障	A5判	古郡鞆子編著 2600円
46.	制度改革と経済政策	A5判	飯島・谷口・中野編著 4500円
47.	会計領域の拡大と会計概念フレームワーク	A5判	河野・小口編著 3400円
48.	グローバル化財政の新展開	A5判	片桐・御船・横山編著 4700円
49.	グローバル資本主義の構造分析	A5判	一井 昭編 3600円
50.	フランス—経済・社会・文化の諸相	A5判	佐藤 清編著 3800円
51.	功利主義と政策思想の展開	A5判	音無通宏編著 6900円
52.	東アジアの地域協力と経済・通貨統合	A5判	塩見・中條・田中編著 3800円

中央大学経済研究所研究叢書

53. 現代経営戦略の展開　A5判　林・高橋編著　3700円
54. ＡＰＥＣの市場統合　A5判　長谷川聰哲編著　2600円
55. 人口減少下の制度改革と地域政策　A5判　塩見・山﨑編著　4200円
56. 世界経済の新潮流　A5判　田中・林編著　4300円
　　――グローバリゼーション，地域経済統合，経済格差に注目して――
57. グローバリゼーションと日本資本主義　A5判　鳥居・佐藤編著　3800円
58. 高齢社会の労働市場分析　A5判　松浦　司編著　3500円
59. 現代リスク社会と3・11複合災害の経済分析　A5判　塩見・谷口編著　3900円
60. 金融危機後の世界経済の課題　A5判　中條・小森谷編著　4000円
61. 会計と社会　A5判　小口好昭編著　5200円
　　――ミクロ会計・メソ会計・マクロ会計の視点から――
62. 変化の中の国民生活と社会政策の課題　A5判　鷲谷　徹編著　4000円
63. 日本経済の再正と新たな国際関係　中央大学経済研究所編　A5判　5300円
　　（中央大学経済研究所創立50周年記念）
64. 格差対応財政の新展開　片桐・御船・横山編著　A5判　5000円
65. 経済成長と経済政策　中央大学経済研究所経済政策研究部会編　A5判　3900円
66. フランス―経済・社会・文化の実相　A5判　宮本　悟編著　3600円
67. 現代経営戦略の軌跡　高橋・加治・丹沢編著　A5判　4300円
　　――グローバル化の進展と戦略的対応――
68. 経済学の分岐と総合　A5判　益永　淳編著　4400円

■ 中央大学経済研究所研究叢書 ■

69. アジア太平洋地域のメガ市場統合　A5判　長谷川聰哲編著　2600円

70. 世界から見た中国経済の転換　A5判　中條・唐編著　2900円

71. 中国政治経済の構造的転換　A5判　谷口洋志編著　3800円

72. 経済理論・応用・実証分析の新展開　A5判　松本昭夫編著　4100円

＊価格は本体価格です．別途消費税が必要です．